Der Staat als Super Super Nanny

Herausgegeben von
Horst Wolfgang Boger

D1723107

Der Staat als Super Super Nanny

Horst Wolfgang Boger

liberal Verlag
Universum Kommunikation und Medien AG

Berlin 2010

Der Staat als Super Super Nanny

Horst Wolfgang Boger

Impressum:
3. Auflage, November 2012
© 2010 liberal Verlag
Universum Kommunikation und Medien AG, Berlin

Satz und Druck: altmann-druck GmbH, Berlin
Titelbild: John Tennier: Illustration für Alice im Wunderland
"OFF WITH HER HEAD"
Printed in Germany - ISBN 978-3-920590-32-5

Inhalt

Vorwort und Einleitung

Die Super Nanny von RTL, die Diplom-Pädagogin Katia Saalfrank, besucht Familien in Not, sie bleibt einige Tage, spricht system-pädagogische Sätze (was immer genau das heißen mag), die wahre und vor allem nachhaltige Wunder wirken, und sucht dann die nächste Familie in ihrem Heim auf. (Das Wort „heimsuchen" wäre allerdings unfreundlich und entspräche wohl nicht den Intentionen der diplomierten System-Pädagogin.)

Die Super Nanny sieht gut aus, die Super Nanny ist super-empathisch, die Super Nanny ist super-sympathisch, die Super Nanny denkt niemals an sich selbst, die Super Nanny weiß auf alles die richtige Antwort, die Super Nanny ist fast göttinnengleich.

Keine Frage: Unser Staat, genauer: die Staatsführung samt dem bürokratisch-administrativen Appendix, sieht sich selbst als Super Nanny und möchte dementsprechend auch von den Bürgerinnen und Bürgern als Super Nanny wahrgenommen, verehrt und geliebt werden. Unser Staat sieht gut aus, unser Staat ist super-empathisch, unser Staat ist super-sympathisch, unser Staat denkt niemals an sich selbst, unser Staat weiß auf alles die richtige Antwort, unser Staat ist fast göttinnengleich. (Thomas Hobbes hat dies schon 1651 ganz richtig gesehen, als er den Staat als „sterblichen Gott" charakterisiert hat. Ein zeitgenössischer Hobbes spräche wohl, im Zeichen von Feminismus und Gender Mainstreaming, von der „Sterblichen Göttin".)

Freilich unterscheidet sich unser Staat in *mindestens zwei* Punkten erheblich von der Super Nanny. Während, erstens, die Super Nanny nur einige Tage bleibt, schenkt uns der Staat von der Wiege bis zur Bahre nicht nur Formulare, sondern bleibt uns als Beraterin, als Erzieherin, vor allem aber als (teuer entlohnte) Vormündin (wie man in der Schweiz sagt) erhalten. Seine *prätendierten* fachlichen Kompetenzen nehmen zu, seine juridischen ebenso. Die Super Nanny kann, zweitens, ihre segensreiche Wirkung nur dann entfalten, wenn die Familie in Not ihr Einlass gewährt, unser Staat dagegen sagt wie der Igel zum Hasen „Ick bün al dor!", womit er völlig recht hat. Denn der Staat ist immer schon da und dies an immer mehr Orten.

Die staatliche Super Nanny ist also – richtig besehen – eine Super Super Nanny.
- Sie sagt uns, wie wir zu denken, zu sprechen und zu forschen haben.
- Sie sagt uns, was wir fragen und nicht fragen dürfen.
- Sie sagt uns, wie wir uns zu ernähren und zu bewegen haben.

- Sie wacht darüber, dass wir niemanden bevorzugen oder benachteiligen.
- Sie achtet darauf, dass auf allen Hierarchie-Ebenen, vorzugsweise den oberen, strengste Geschlechterdemokratie obwaltet.
- Sie sagt schließlich den Schampus-, Zigarren-, Musik-, Kino- oder Tanzsündern, dass sie sich durch Ablasszahlungen (einfühlsam und system-pädagogisch „Steuern" genannt) ihrer Schuld entledigen können – und müssen.

All diese Aufgaben kann sogar eine Super Super Nanny allein nicht bewältigen. Zu diesem Behufe gibt es eifrige Nichtregierungsorganisationen, die wie Super-Musterkinder unablässig und unermüdlich supererogatorische Leistungen erbringen, indem sie uns unablässig darauf hinweisen, dass mehr als 1 mg Acrylamid (pro Kilogramm) in Knäckebrot, Pommes Frites, Lebkuchen, Kartoffelchips und Kaffee enthalten sind, indem sie uns sagen, was genau wir in unsere Einkaufswagen packen und packen sollen, aus welchen Hölzern unsere Bleistifte zu bestehen haben, und darüber wachen, dass wir genügend Dihydrogenmonoxid zu uns nehmen (auch wenn wir keinen Durst haben), und darauf acht geben, dass unsere Sprache weder patriarchalistisch, sexistisch, ethnizistisch, eurozentrisch noch militaristisch ist. Dafür bekommen diese Super-Musterschüler viele Gutpunkte und vor allem viel Geld aus dem Portemonnaie der Super Super Nanny, Geld, das allerdings nicht von der Bank, sondern aus den Portemonnaies von uns Dauermündeln stammt.

Ein großer Teil der Dauermündel scheint sich dabei durchaus wohl zu fühlen. Nunmehr klassisch ist dies schon vor mehr als 220 Jahren konstatiert worden:

„Es ist so bequem, unmündig zu sein. Habe ich ein Buch, das für mich Verstand hat, einen Seelsorger, der für mich Gewissen hat, einen Arzt, der für mich die Diät beurteilt, u.s.w., so brauche ich mich ja nicht selbst zu bemühen. Ich habe nicht nötig zu denken, wenn ich nur bezahlen kann; andere werden das verdrießliche Geschäft schon für mich übernehmen. Daß der bei weitem größte Teil der Menschen (darunter das ganze schöne Geschlecht) den Schritt zur Mündigkeit, außer dem daß er beschwerlich ist, auch für sehr gefährlich halte: dafür sorgen schon jene Vormünder, die die Oberaufsicht über sie gütigst auf sich genommen haben. Nachdem sie ihr Hausvieh zuerst dumm gemacht haben und sorgfältig verhüteten, daß diese ruhigen Geschöpfe ja keinen Schritt außer dem Gängelwagen, darin sie sie einsperrten, wagen durften, so zeigen sie ihnen nachher die Gefahr, die ihnen droht, wenn sie es versuchen allein zu gehen. Nun ist diese Gefahr zwar eben so groß nicht, denn sie würden durch einigemal Fallen wohl endlich gehen lernen; allein ein Beispiel von der Art macht doch schüchtern und schreckt gemeinhin von allen ferneren Versuchen ab."

Diese denkwürdigen und deutlichen Worte stammen von Immanuel Kant, der die Super Nanny noch nicht kennen konnte. Mit der Super Super Nanny allerdings scheint er schon intensive Erfahrungen gemacht zu haben.

Wollen und sollen wir tatsächlich hinter Kant zurück fallen?

Potsdam, im Dezember 2008
Horst Wolfgang Boger

Horst Wolfgang Boger

Political Correctness (PC) oder Die Verbesserung der Welt durch schöneres Denken und Sprechen

Vorbemerkung

Das Phänomen der *Political Correctness* fällt aus dem Rahmen dieses Bandes insofern heraus, als der deutsche Staat in die Sprache seiner Bürgerinnen und Bürger noch nicht direkt eingreift etwa in der Art, wie es der französische Staat seit nunmehr 14 Jahren tut.

So wird in Frankreich durch die *Loi n° 94-665 du 4 août 1994 relative à l'emploi de la langue française,* nach dem ehemaligen französischen Kulturminister Jacques Toubon auch „Loi Toubon" genannt, festgelegt, dass in staatlichen Verlautbarungen, in der Werbung, an Arbeitsplätzen, in Verträgen und vielen weiteren geschäftlichen Kommunikationen und in vom Staat finanzierten Schulen ein Computer „ordinateur", Software „logiciel", Hardware „matériel" und Walkman „baladeur" genannt werden müssen. Zuwiderhandlungen werden strafrechtlich verfolgt.

Dementsprechend gibt es in diesem staatlich verordneten Französisch auch keine „High Fidelity" oder kürzer „HiFi", sondern „haute fidélité", statt des Wortes „Carwash", das inzwischen fast jedes deutsche Kind buchstabieren kann, heißt es „laverie de voitures". Ob statt „week-end" tatsächlich „vacancelle" und an Stelle von „Laser" „faisceau de lumière cohérente" gesagt und geschrieben werden muss, konnte ich nicht zuverlässig verifizieren.

Auch angesichts des Umstandes, dass ein beträchtlicher Teil – 30 bis 40 % – des englischen Wortschatzes dank der Normannischen Eroberung aus dem Französischen stammt (manche Sprachwissenschaftler schätzen ihn sogar auf 55 %!), haben solche Reinigungsbemühungen einen beträchtlichen Hauch von Absurdität.

Warum gehört eine Abhandlung *Political Correctness* dennoch in diesen Band? Erstens werden PC-Aktivitäten vor allem durch – staatlich üppig alimentierte! – Nichtregierungsorganisationen (NROs; englisch: *Non-Governmental Organizations* – NGOs) betrieben.(Man sollte in diesem Zusammenhang nicht übersehen, dass auch die Cosa Nostra eine NGO ist.)

Zweitens lassen sich unter den entsprechenden Ausdruck – in recht strenger Analogie – auch Bemühungen subsumieren, die nicht nur auf die Sprechweise, sondern auch auf

die Denk- und Handlungsweise, vor allem im Wissenschafts-
betrieb, zielen: Bestimmte Fragen, erst recht Antworten,
seien sie auch noch so hypothetisch, werden mit gesin-
nungstüchtigen Bannbullen bedroht oder belegt.

In *diesem* Sinne gibt es auch in Deutschland eindeutig Political
Correctness.

Eine Variante der PC: Scientific Correctness oder Ein-
klagbare Wahrheit im Hochschulbetrieb

Der Ökonom George J. Stigler (Nobelpreisträger 1982),
der nicht nur ein Erzliberaler, sondern auch gelegentlich ein
(maliziöser) Humorist war, präsentierte im Jahre 1973 in seinem Aufsatz „A Sketch of the History of Truth in Teaching"
eine imaginäre Welt, in der Studierende das Recht haben,
ihre Hochschullehrer zu verklagen, wenn diese etwas gelehrt hatten, was sich als falsch herausstellen sollte.
Für manche, insbesondere für PC-Anhängerinnen und -An-
hänger mag diese Aussicht durchaus verlockend sein. Führt
nicht die konstitutionell garantierte Freiheit von Kunst und
Wissenschaft, Forschung und Lehre (Art. 5, Abs. 3 GG) in
vielen Fällen dazu, dass Hochschullehrerinnen und -lehrer
Irrtümer verbreiten, einerseits aus Unfähigkeit und mangeln-
dem Wissen, andererseits aus Eigeninteresse und parteili-
chen oder weltanschaulichen Affiliationen? (Wissenschaftler, die nicht die Theorie von der bevorstehenden
Klimakatastrophe vertreten, müssen wohl auf der Schmier-

liste der Automobilindustrie und der Kraftwerksbetreiber stehen, so lautet der Generalverdacht.)

Was geschähe jedoch aller Voraussicht nach, wenn ein solches Klagerecht tatsächlich instituiert würde? Nähme die Qualität von Wissenschaft, Forschung und Lehre dann zu? Wohl kaum, jedenfalls nicht in Stiglers Ökonomensicht. Eine realistische Betrachtung legt vielmehr die folgende Prognose nahe: Hochschullehrerinnen und -lehrer würden, um Klagen zu vermeiden, nur noch triviale, d. h. risikolose Behauptungen aufstellen. Für kühne Hypothesen, nach Sir Karl R. Popper geradezu das Merkmal von guter Wissenschaft, wäre eindeutig kein Platz mehr. Die Hochschulen würden Mitschriften und elektronische Aufzeichnungen in Vorlesungen und Seminaren verbieten, um Beweise für Klagen zu verhindern. Dies wäre allerdings nicht schlimm, weil Lehrveranstaltungen ohnehin den gesamten Stoff nach zwei Wochen vermittelt hätten. Lehrbücher und wissenschaftliche Artikel, allesamt Ansammlungen von vagen oder altbekannten, also langweiligen Truismen („Der numerische Wert von Pi könnte zwischen 3,1 und 3,2 liegen", „Rom ist vermutlich nicht an einem Tag gebaut worden", „Die Atommasse von Hydrogenium dürfte wohl vermutlich irgendwie niedriger als die von Lawrencium sein"), würden mit Warnhinweisen versehen: „Dieser Text kann trotz gründlichster Prüfung immer noch Fehler enthalten. Die Autorin, der Autor, die Autorinnen, die Autoren, bittet/bitten um Nachsicht. Bitte berufen Sie sich nicht auf ihn und zitieren Sie ihn auf keinen Fall."

Da dennoch ein Restprozessrisiko verbliebe, sähen sich die Hochschulen genötigt, sich gegen „incorrect knowledge" oder „scientific incorrectness" zu versichern, was – besonders in den USA – zu einer empfindlichen Erhöhung der Studiengelder führen würde. Wissenschaftliche Korrektheit ist nicht gratis zu haben.

Eine Analogie im FriseurInnenhandwerk: Kundinnen und Kunden könnte von der Gesetzgeberin das Recht eingeräumt werden, gegen eine – in ihrer Sicht – misslungene *coiffure* zu klagen. Friseurinnen und Friseure wären dann rationalerweise gehalten, entsprechende Versicherungsverträge abzuschließen, um im Falle einer erfolgreichen Klage – in den USA kann es sehr schnell um Millionenbeträge gehen – nicht ruiniert zu werden. Sehr schnell stiegen unter solchen Bedingungen die Preise für eine *coiffure* um $50. Auch handwerkliche Korrektheit hat ihren Preis.

Noch einmal Scientific Correctness, am Beispiel der Anthropologie und ganz und gar nicht imaginär

Ein Komitee aus zwanzig Gelehrten veröffentlichte im Mai 1986 im spanischen Sevilla im Rahmen des „6. Internationalen Kolloquiums über Gehirn und Aggression", unterstützt von der UNESCO, ein *Statement on Violence*. In diesem Manifest ist unter anderem zu lesen:

• Es ist wissenschaftlich unkorrekt, zu sagen, wir [d. h. Menschen] hätten eine Tendenz zur Kriegsführung von unseren tierischen Vorfahren geerbt. [...]

- Es ist wissenschaftlich unkorrekt, zu sagen, Krieg oder anderes gewaltsames Verhalten sei in unsere menschlichen Natur genetisch programmiert. [...]
- Es ist wissenschaftlich unkorrekt, zu sagen, im Laufe der Evolution der Menschheit habe eine Selektion zugunsten aggressiven Verhaltens stattgefunden. [...]
- Es ist wissenschaftlich unkorrekt, zu sagen, Menschen hätten ein „gewaltbereites Gehirn" [„violent brain"]. [...]
- Es ist wissenschaftlich unkorrekt, zu sagen, Krieg werde durch „Instinkte" oder irgendeine einzelne Motivlage hervorgerufen. [...]

Wodurch aber werden Krieg und Verbrechen, allgemeiner: Gewalt und Aggression, nach Auffassung der Anti-Biologen verursacht? Lyndon B. Johnson, der 36. Präsident der Vereinigten Staaten von Amerika (1963 bis 1969) deklarierte (oder dekretierte): „All of us know [...] the conditions that breed violence are ignorance, discrimination, poverty and disease." Und ein Fachmann für Klinische Genetik erklärte in einer populären Zeitschrift: „We know what causes violence in our society: poverty, discrimination, the failure of our educational system. It's not the genes that cause violence in our society. It's our social system."

Diese beiden Sätze dürften das zusammenfassen, was Soziologisten und Kulturalisten seit Rousseau uns ständig als eherne, unbezweifelbare Wahrheit einzutrichtern versuchen. (Wer daran auch nur den geringsten Zweifel äußert, macht sich als Reaktionär verdächtig, im günstigsten Falle wird ihr oder ihm völlige Ignoranz attestiert.)

Es ist hier nicht der Ort, Theorien über die Ursachen von Gewalt und Aggression zu diskutieren. Das Ursachengeflecht dürfte nicht so leicht zu durchschauen sein. Es soll nur darauf aufmerksam gemacht werden, mit welcher simplizistischen *Glaubens- und Gesinnungsintensität* Phrasen wie „Wir wissen, dass ..." und „Wir wissen, was ..." verkündet werden, wenn es um doch recht komplexe Fragen geht. Wir wüssten gerne, ob auch *Primitive Warfare* (oder *War Before Civilization*) durch „unser Gesellschaftssystem" verursacht wird. Und wie wären die politischen Massenmorde durch Stalin, Hitler und Mao zu erklären, etwa durch Unwissen, Diskriminierung, Armut und Krankheit?

Zum dritten Mal Scientific Correctness: Gefährliche Ideen, die – ginge es nach bestimmten Leuten von Rechts und Links – nicht einmal genannt, geschweige denn diskutiert werden dürfen

Der unerschrockene Kognitions-, Evolutions- und Sprachpsychologe Steven Pinker von der Harvard University hat – auf Grund auch eigener Erfahrungen – den Eindruck gewonnen, dass Fragen der folgenden Art nicht gestellt werden dürfen, nicht einmal an Universitäten, an denen immerhin auch und gerade die Erforschung strittiger Fragen betrieben werden soll:

- Gibt es statistische, gleichwohl systematische und universelle, Unterschiede zwischen Frauen und Männern?
- Sind die Ereignisse, die in der Bibel dargestellt werden, Fiktionen oder wahre Tatsachenberichte?
- Hat sich der Zustand der Umwelt in den letzten 50 Jahren verbessert?
- Haben *Native Americans* (vulgo: Indianer) Genozide begangen und etliche Tierarten ausgerottet?
- Ist die Verbrechensrate der USA in den 1990er Jahren *auch deshalb* gesunken, weil zwei Jahrzehnte früher arme Frauen Kinder abortiert haben, die als Jugendliche zu einem hohen Prozentsatz kriminell geworden wären?
- Sind Suizidalterroristen mehrheitlich gut ausgebildet, psychopathologisch unauffällig und von Moralismus angetrieben, keineswegs aber Schulabbrecher, Psychotiker, Neurotiker, Psychopathen oder moralische Nihilisten?
- Sind die moralischen Dispositionen der Menschen eher ein Ergebnis natürlicher und sexueller Selektion, also der Evolution (im Sinne der Biologie), weniger aber das Resultat der Erziehung durch verbeamtete Ethiklehrer und Moralisten?
- Wäre es – per saldo – vorteilhaft für Gesellschaften und Staaten, wenn Drogen wie Marihuana, Kokain und Heroin legal hergestellt, gehandelt und konsumiert werden dürften?
- Haben Religionen (nicht zuletzt Christentum und Islam) insgesamt mehr Todesopfer zu verantworten als Hitlerismus oder Stalinismus?

- Hätten unerwünschte Kinder ein besseres Los, wenn sie von kinderlosen Paaren auf Auktionen ersteigert werden könnten?
- Könnten Leben (besser: Lebensjahre) gerettet werden, wenn es einen (legalen oder formellen) Markt für Transplantationsorgane gäbe?

Über Fragen dieser Art – notabene: Fragen! – hängt ein Tabuschleier. Sie werden tabuisiert vor allem deshalb, weil viele – Rechte wie Linke – mutmaßen, sie könnten die göttlich-natürliche Sittenordnung korrodieren oder die Solidarität, den sozialen Zusammenhalt und die Menschenwürde gefährden.

Diese Tabuisierung geht zum Teil sogar so weit, dass solche Fragen nicht einmal in Forschungseinrichtungen, das heißt in Wissenschaftlichen Instituten und Wissenschaftlichen Hochschulen gestellt, geschweige denn beantwortet werden dürfen. Der Soziologe Morton Hunt hat solche Tabuisierungen als das Werk von obskurantistischen, anti-liberalen und anti-intellekuellen Neo-Ludditen gedeutet. *Diese* Vergangenheit scheint nicht zu vergehen.

Auf dem Euphemismus-Laufband

Auf einem Laufband im Fitness-Studio kann man zwar laufen, sogar sehr schnell laufen, dennoch kommt man – relativ auf den Raum, in dem sich das Band befindet – keinen einzigen Schritt voran. Diese triviale Beobachtung hat Steven Pinker zu der Prägung des Ausdrucks „euphemism treadmill" inspiriert.

Im (Amerikanischen) Englisch bedeutete „toilet" zunächst „Körperpflege", später wurde dieser Ausdruck auf den Raum ausgeweitet, in dem die Körperpflege inkl. körperliche Exkretionen stattfand, womit eben dieser Raum und die in ihm stattfindenden Tätigkeiten euphemisiert wurden. „Toilet" wurde später dann ersetzt durch „bathroom", dieses Wort in sukzessiven Schritten durch „lavatory", „WC", „gents'", „restroom", „powder room" und schließlich durch „comfort station" (insbesondere für öffentliche Toiletten). Die in diesen Orten verrichteten Tätigkeiten sind bekanntlich dieselben geblieben. Analoge Progressionen fanden statt bei Ausdrücken für Behinderte : „lame", „crippled", „handicapped", „disabled", „challenged" und bei Berufen mit eher geringem Ansehen, zum Beispiel: „garbage collection", „sanitation", „environmental services".

In den frühen 1990er Jahre erschienen *The Politically Correct Phrasebook* von Nigel Rees und *The Official Politically Correct Dictionary and Handbook* von Henry Beard und Christopher Cerf, die solche Entwicklungen sowohl dokumentierten als auch parodierten. Einige der denkwürdigsten Trouvaillen seien hier aufgeführt, wobei es *völlig gleichgültig* ist, ob es sich um tatsächliche oder nur um satirisch-parodistische Vorschläge handelt. Intendierte oder effektive Sprachpolitik ist nämlich zu einem beträchtlichen Teil nichts anderes als (unfreiwillige) Realsatire:

Oppressive Phrase	Politically Correct Phrase
black coffee	coffee without milk
corrupt	ethically different
cowboy	cowperson
dirty	hygienically challenged
drug addict	substance user
dwarfs	people of restricted growth
emancipation	efemcipation
failure	incomplete success
fat	generously proportioned, over-shapely, not so slim as one would like to be, extra-large
guys and dolls	Loathsome Oppressors and Women of Vision and Strength
history	herstory

Oppressive Phrase	Politically Correct Phrase
immigrant	ethnic
It's raining cats and dogs.	It's raining nonhuman animal companions.
jungle	tropical rain forest
lie	counter-factual proposition, terminological inexactitude
looter	non-traditional shopper
menstruation	femstruation
pets	(nonhuman) animal companions
poor	differently advantaged
Plato, Shakespeare, Locke, Beethoven etc.	D. W. E. M. (= Dead White European Males)
Snow White and the Seven Dwarfs	Snow White and the Seven Persons of Restricted Growth
snowman	snow sculpture
ugly	visually challenged, cosmetically different
white coffee	coffee with milk
white heterosexual adult male human (WHAMH)	oppressor

Hinter der anglophonen Welt wollte und will selbstverständlich die germanophone nicht zurückstehen:

Oppressive Phrase resp. Phrase, die die Existenz von Frauen leugnet	Politisch korrekte Phrase
Ausländer (pl.)	Personen mit Migrationshintergrund; kürzer: MigrationshintergründlerInnen
Bürgersteig	BürgerInnensteig
Dschungel	Tropischer Regenwald
Folterknechte	Foltermägde und -knechte
Führerschein	FührerInnenschein
Krankenkasse	Gesundheitskasse
Kriegsforschung	Friedensforschung
Negerkuss, Mohrenkopf	Schokokuss
Raubtiere	Beutegreifer
Salzstreuer	SalzstreuerIn
Sumpf	Feuchtgebiet
Unkraut	Wildpflanzen
Zigeunerschnitzel	Sinti-und-Roma-Schnitzel

Solche Substitutionsvorschläge werden offensichtlich freudig begrüßt und getreulich befolgt, was denn auch fast flächendeckend geschieht. Es handelt sich hier um das Phänomen der „viruses of the mind", wie es der Evolutionsbiologe Richard Dawkins genannt hat.

Ein wichtiger Grund, dass sich solche Viren ausbreiten, dürfte darin liegen, dass diejenigen Personen, die die Epidemie in Gang setzen, sich moralische Distinktionsgewinne und damit Ansehenszuwächse erhoffen: Wer statt „Raubtiere" „Beutegreifer" sagt oder schreibt, weist sich – wie sie oder er meint – als besserer Mensch aus, als Mensch, der auch carnivoren Lebewesen eine „je eigene Würde" zuspricht. Aussichtsreich ist dieser erste Schritt allerdings nur dann, wenn die Population, in der er unternommen wird, sich erstens schon durch ein beträchtliches Maß an Moralismus auszeichnet, und sie zweitens von Raubtieren/Beutegreifern nicht ernstlich bedroht ist. In Jäger-und-Sammler- oder in Bauern-Populationen dagegen haben solche geistigsprachlichen Viren nur eine geringe Chance. Wer befürchten muss, dass eine Herde wilder Antilopen von Löwen dezimiert oder eine Herde domestizierter Ziegen von Wölfen aufgefressen wird, nennt potentielle Fraßkonkurrenten ohne jegliche Skrupel „Raubtiere". Doch selbst wenn sich das Prädikat „Beutegreifer" durchsetzte, würden sich die Jäger oder die Bauern gegen ihre predatorischen Konkurrenten zur Wehr setzen.

Ist die Euphemismus-Epidemie dann in Gang gesetzt, kann es sich kaum noch eine Person leisten, sich von ihr nicht anstecken zu lassen. Wer darauf beharrt, „Ausländer",

„Dschungel", „Raubtiere" oder „Unkraut", von „Negerkuss" und „Zigeunerschnitzel" ganz zu schweigen, zu gebrauchen, riskiert, sozial geächtet zu werden. Das *empirische* Datum, nämlich dass, zum Beispiel, das Schicksal von Raubtieren/Beutegreifern *nicht* primär davon abhängt, ob sie so oder anders benannt werden, spielt dabei nicht die geringste Rolle.

So gut wie alle Urteile, die Menschen über Populationen fällen, speisen sich *eindeutig* nicht aus empirischen Daten, sondern aus Theorien, sie sind „theory-driven", nicht aber „data-driven", wie die beiden Kognitionspsychologen Richard Nisbett und Lee Ross festgestellt haben. Dies gilt selbstverständlich auch für Urteile, die durch die mentalen und sprachlichen Viren der Political Correctness inspiriert oder stimuliert werden. Das Wort „Theorie" ist dabei großzügig zu interpretieren, so dass auch die plattesten Hetero- und Autostereotype darunter fallen: *Wir* Deutschen sind fleißig und effizient. *Die* Bayern sind krachlederne, dumpfe Biersäufer und Weißwurstfresser. *Die* Schwaben sind geizige Spätzlemampfer. *Die* Amerikaner sind oberflächlich. *Wir* Christen sind erfüllt von Nächsten- und Feindesliebe. *Wir* Frauen sind sanft, einfühlsam und geben Leben weiter. *Alle* Männer sind potentielle Mörder und Vergewaltiger.

Interessanterweise sind auch – notabene: entlarvende – *Dysphemismen* verzeichnet:

Obfuscating Phrase	Politically Correct Phrase
aversion therapy	torture
farming	exploiting mother earth
forest management	killing trees
freedom of speech	inappropriately directed laughter
girl watching	street harassment
mainstream	dominant and oppressive culture
male sexuality	acts of force and sexual terrorism
nuclear family	cornerstone of women's oppression (because it enforces heterosexuality)
prose	a form of expression that, because it is not equally available to all social and economic classes, is inherently oppressive
rancher	cattle murderer
wildlife management	killing, or permitting the hunting, of animals

Hier soll durch gesteuerten Sprachwandel demaskiert werden: Landwirtschaft ist *in Wirklichkeit* Ausbeutung von Mutter

Erde, männliche Sexualität ist *in Wirklichkeit* Gewalt gegen Frauen. Dass ein beträchtlicher Teil der Frauen männliche Sexualität keineswegs als Gewalt perzipiert, gilt keineswegs als diskonfirmierendes Datum, sondern als Beleg für die Gehirnwäsche, die jungen Frauen in der Nuklearfamilie, jenem Hort der Oppression, angetan wird. Es wäre zu untersuchen, ob es auch ein Dysphemismus-Laufband gibt.

Ausblick auf die Zukunft:
Bürgerinnen und Bürger ohne Eigenschaften

„Niemand darf wegen seines Geschlechtes, seiner Abstammung, seiner Rasse, seiner Sprache, seiner Heimat und Herkunft, seines Glaubens, seiner religiösen oder politischen Anschauungen benachteiligt oder bevorzugt werden. Niemand darf wegen seiner Behinderung benachteiligt werden." So lautet Art. 3 Absatz 2 GG. Und in § 1 des Allgemeinen Gleichbehandlungsgesetzes (AGG) heißt es: „Ziel des Gesetzes ist, Benachteiligungen aus Gründen der Rasse oder wegen der ethnischen Herkunft, des Geschlechts, der Religion oder Weltanschauung, einer Behinderung, des Alters oder der sexuellen Identität zu verhindern oder zu beseitigen."

Wegen des Vorkommens des Wortes „Rasse" regt sich seit einiger Zeit Widerstand gegen Formulierungen dieser Art. Dr. jur. Hendrik Cremer vom Deutschen Institut für Menschenrechte (DIMR) schlägt mit großem Ernst vor, alle Vorkommnisse dieses Wortes zu streichen:

Seiner Auffassung nach „kann man Rassismus nicht glaubwürdig bekämpfen, wenn der Begriff ‚Rasse' beibehalten wird. Daher sollte der Begriff ‚Rasse' keine Verwendung mehr in Gesetzestexten finden. Dies umso mehr, als Gesetzestexte zur Bewusstseinsbildung beitragen können und eine gewisse Vorbildfunktion haben sollten. Die Vorbildfunktion rechtlicher Texte wird in jedem Fall dann relevant, wenn es um menschenrechtliche Anliegen geht wie die Bekämpfung von Diskriminierung und Rassismus.

Die Forderung, den Begriff ‚Rasse' nicht mehr zu verwenden, sollte nicht als Sprach- oder Denkverbot verstanden werden. Es geht vielmehr darum, Sprach- und Denkgewohnheiten zu hinterfragen und aufzubrechen. Unter Berücksichtigung der geschichtlichen Wirkung von Konzepten und gedanklichen Konstrukten, die mit dem Begriff ‚Rasse' verbunden sind, ist kein Grund ersichtlich, an dem Begriff festzuhalten."

(Darüber, dass Dr. Cremer immer dann den Ausdruck „Begriff" verwendet, wenn er richtigerweise „Wort" schreiben müsste, wollen wir großzügig hinwegsehen.)

Liberale und/oder empirisch-methodisch aufgeklärte Personen (die glücklicherweise oft genug in Personalunion auftreten) werden sich *niemals* für die Idee oder den Begriff der *Rasse* stark machen oder gar Rassismus propagieren. Aber sie werden – dezidiert empirisch – darauf hinweisen, dass

Personen wie Rosa Louise McCauley Parks, Martin Luther King, William „Count" Basie, Miles Dewey Davis III, James Oscar Smith, Quincy Delight Jones, Oprah Gail Winfrey, Venus Ebone Starr Williams, Thomas Sowell, Clarence Thomas, Reginald VelJohnson, Samuel Leroy Jackson, Pamela Suzette „Pam" Grier, Aretha Franklin, Colin Luther Powell, Condoleezza Rice und Barack Hussein Obama II in den USA mit dem Ethnonym „African American" belegt werden, und dies wegen Eigenschaften, die jederfrau und jedermann *sofort* ins Auge springen. Diese Eigenschaften sind rein phänotypisch; ob ihnen genotypische Eigenschaften korrespondieren, ist eine Frage, die sehr aufwendig und nur wissenschaftlich zu beantworten ist. *Hier* muss sie nicht einmal ansatzweise beantwortet werden, allein schon deshalb nicht, weil weder genotypische noch phänotypische Unterschiede zwischen Populationen irgendwelche Rechtfertigungen für Benachteiligungen oder Bevorzugungen von Angehörigen eben dieser Populationen liefern können.

Angenommen, Schwaben hätten im Jahre 2008 einen durchschnittlichen IQ von 90, Rheinländer dagegen einen von 110, was zum Beispiel durch innerdeutsche Migrationen vor etwa 150 Jahren verursacht worden sein könnte. Besonders kluge Schwaben migrierten damals nach Köln und Düsseldorf, wurden dort innerhalb einer Generation zu Ripoariern (aus „Sepp" wurde „Jupp") und erhöhten den dortigen durchschnittlichen IQ. Besonders dumme Ripoarier dagegen wanderten nach Stuttgart, Ulm und Biberach, wo sie sich innerhalb von fünf Generationen mühsam und leidlich ins Schwäbische assimilierten (aus „Tünnes" wurde „Toni") und den dortigen durchschnittlichen IQ senkten. Würde daraus folgen, dass *jede* Rheinländerin, aber *keine* Schwäbin zum Studium des Maschinenbaus zugelassen werden sollte oder dürfte? Oder noch schärfer: Dass alle Rheinländer, aber keine Schwäbin den Status der unbeschränkten Geschäftsfähigkeit genießen sollte oder dürfte? Fragen dieser Art sind in liberalen Rechtsordnungen agitatorische, günstigstenfalls rhetorische Fragen, sie beantworten sich dementsprechend von selbst, nämlich eindeutig negativ.

Zurück zu *African Americans*. Es genügt darauf hinzuweisen, dass *African Americans* von anderen Amerikanern – und von sich selbst! – als *African Americans* kategorisiert werden und dass dies auch so bleiben wird. Der *sprachliche Ausdruck* „Rasse" („race") ist für eine solche Hetero- oder Autokategorisierung *völlig* unerheblich. Wenn er nicht mehr verwendet werden dürfte, träten Nachfolge-Ausdrücke an seine Stelle, z. B. „Sub-Spezies" oder „Sub-Population". Als Substitut hat sich einstweilen ja schon „Ethnie" („Ethnic group") durchgesetzt.

Grundsätzlich gilt, was der Linguist George Lakoff konstatiert hat: Auf Kategorisierungen können wir als wahrnehmende, denkende, sprechende und handelnde Subjekte schlechterdings nicht verzichten:
„There is nothing more basic than categorization to our thought, perception, action and speech. Every time we

see something as a kind of thing, for example, a tree, we are categorizing. When we reason about kinds of things – chairs, nations, illness, emotions, any kind of thing at all – we are employing categories. [...] Without the ability to categorize, we could not function at all, either in the physical world or in our social and intellectual lives."

Dr. Cremers Vorschläge legen eine Frage nahe: Wäre es nicht konsequent, auch Wörter wie „Geschlecht", „Abstammung", „Sprache", „Heimat", „(ethnische) Herkunft", „Glauben", „religiöse oder politische Anschauungen", „Alter", „sexuelle Identität" und „Behinderung" gänzlich zu streichen? „Geschlecht" leistet, so könnte oder müsste man per recht strenger Analogie argumentieren, dem Sexismus Vorschub, „Abstammung" dem Biologismus und dem Tribalismus, „Sprache" dem Sprach-Imperialismus, „Heimat" dem Blut-und-Boden-Rechtsradikalismus, zumindest aber den Revanchismen von Vertriebenenverbänden und Flüchtlingsorganisationen, „Glaube" dem Theismus, „Alter" dem Jugendwahn, „sexuelle Identität" den Anmaßungen der Heteronormativität und „Behinderung" dem Leistungs- und Gesundheitsterror.

Der Grundgesetzartikel sollte demnach – gründlich bereinigt – so lauten: „Niemand darf benachteiligt oder bevorzugt werden." Und § 1 des AGG dementsprechend so: „Ziel des Gesetzes ist, Benachteiligungen zu verhindern oder zu beseitigen." Auch die §§ 19 und 33 des AGG, in denen ebenfalls explizit von „Rasse" die Rede ist, müssten entsprechende Meliorisierungen erfahren. Noch besser wäre wohl: „Kein Lebewesen darf benachteiligt oder bevorzugt werden", weil sonst dem Speziesismus, der Drillingsschwester von Rassismus und Sexismus, Vorschub geleistet wird.

Vielleicht sollte Dr. Cremer die Leute vom South African Institute of Race Relations (SAIRR; http://www.sairr.org.za/) schleunigst davon überzeugen, dass auch sie – ausgerechnet sie! – schon mit dem Namen ihres Institutes dem Rassismus Vorschub leisten. Dr. Cremers Vorschläge sind ganz gewiss gut gemeint. Aber frei nach Gottfried Benn gilt: Das Gegenteil von gut ist gut gemeint.

Ganz zum Schluss: Ein Warnhinweis

Es dürfte sich von selbst verstehen, dass der Ausdruck „Political Correctness" *unüberbietbar* politisch unkorrekt ist. Wer ihn ernsthaft, d. h. ohne zitierende oder ironisch intendierte Anführungszeichen, verwendet, entlarvt sich sogleich als Gegnerin oder Gegner von Feminismus, Anti-Sexismus, Ökologismus, Multikulturalismus, Anti-Faschismus, Anti-Rassismus, Post-Kolonialismus, kurz: als „Feind des Menschengeschlechts" (B. Brecht).

Liberale von klassischem Schrot und Korn, die dies nicht beachten, werden dementsprechend mit erheblichen Haupt- und Nebenwirkungen rechnen müssen. Es ist nicht ungefährlich, in der der Welt der Super Super Nanny liberal zu sein.

Verwendete Literatur

David Adams, S.A. Barnett, N.P. Bechtereva, et alii: *The Seville Statement on Violence.* >http://www.neag.nl/pagina%27s/english/Docs/Seville%20Statement%20on%20Violence.pdf<.

Henry Beard und Christopher Cerf: *The Official Politically Correct Dictionary and Handbook.* Villard Books, New York 1992.

Hendrik Cremer: „„ ... und welcher Rasse gehören Sie an?". Zur Problematik des Begriffs „Rasse" in der Gesetzgebung", >http://files.institut-fuer-menschenrechte.de/488/d81_v1_file_48b3bc51eb1d9_pp_rasse.pdf<.

Richard Dawkins: „Viruses of the Mind", in: Bo Dahlbom (Hrsg.): *Dennett and his Critics.* Blackwell, Oxford 1994.

Morton M. Hunt: *The New Know-Nothings. The Political Foes of the Scientific Study of Human Nature.* Transaction Publishers, Piscataway NJ, 1998.

Josef Joffe, Dirk Maxeiner, Michael Miersch und Henryk M. Broder: *Schöner Denken. Wie man politisch unkorrekt ist.* Piper, München 2007

George Lakoff: *Women, Fire, and Dangerous Things: What Categories Reveal About the Mind.* University of Chicago Press, Chicago 1987. N. N.:> http://en.wikipedia.org/wiki/Ethnic_group#Ethnicity_and_race<.

Richard Nisbett und Lee Ross: *Human Inference. Strategies and Shortcomings of Social Judgment.* Prentice-Hall, Englewood Cliffs 1980.

Steven Pinker: *The Blank Slate. The Modern Denial of Human Nature.* Viking, New York 2002.

Ders.: *The Stuff of Thought. Language as a Window into Human Language.* Viking, New York 2007.

Ders.: „In Defense of Dangerous Ideas" >http://richarddawkins.net/article,1449,In-defense-of-dangerous-ideas,Steven-Pinker<

Nigel Rees: *The Politically Correct Phrasebook. What they say you can and cannot say in the 1990s.* Bloomsbury, London 1994.

George J. Stigler: „A Sketch of the History of Truth in Teaching" (1973), in ders.: *The Citizen and the State. Essays on Regulation.* The University of Chicago Press, Chicago / London 1975.

George Yule: *The Study of Language.* 3rd, Revised Edn., Cambridge University Press, Cambridge 2005.

Detmar Doering

Corporate Social Responsibility: Heuchelei oder Notwehr?

Er ist 150 Millionen Jahre tot und populärer denn je. In Berlin, Frankfurt, London, Madrid, London und zahlreichen anderen Weltmetropolen ist er der Magnet für alle Kinder, die das örtliche Naturkundemuseum besuchen. Die Rede ist von „Dippy", jenem Exemplar des Sauriertyps Dipodocus, den einst Andrew Carnegie erforschen ließ und dessen Skelettabguss er (beginnend mit London im Jahre 1905) den Museen der Welt spendierte. Der noch jungen Paläontologie gab er damit wertvolles Forschungsmaterial an die Hand und sorgte dafür, dass die Öffentlichkeit sich immer mehr für die Forschung in diesem Fach interessierte. Die Dinomania, die mit „Jurassic Park" ihren Höhepunkt erreichte, verdankt Andrew Carnegie fast alles. Aber die Welt verdankt ihm noch mehr. Der größte Stahlmagnat Amerikas zu Ende des 19. Jahrhunderts, der eisenhart mit der Konkurrenz umging, der bei Arbeitskämpfen sture Härte zeigte und vor Gewalt nicht zurückschreckte, der sich von dem britischen Sozialdarwinisten Herbert Spencer und seinem Konzept des „survival of the fittest" beeinflussen ließ, dieser

Andrew Carnegie gab sich zu Ende seines Lebens (ebenfalls auf Anraten Herbert Spencers) als der große Philanthrop. Bis heute tragen renommierte Konzertsäle, Bibliotheken und Sozialeinrichtungen, die er ins Leben rief, seinen Namen. Dies, und nicht der von ihm produzierte Stahl, hat seinen Namen fast so unsterblich gemacht wie den seines Lieblingsfossils „Dippy".

Unternehmerische Wohltätigkeit dieser Art scheint heute mehr en vogue zu sein denn je. Man schaue sich wahllos die Homepages von großen Konzernen und Firmen an, und man wird fündig. Zwei seien herausgepickt: Der Lebensmitteldiscounter Lidl, der in Gewerkschaftskreisen als besonders unsozial verschrien ist, ist in Wirklichkeit als erster Discounter dem „Europäischen Programm für Sozialstandards" (BSCI) freiwillig (!) beigetreten. Außerdem engagiert man sich für „fairen Handel" und sorgt dafür, dass die angebotenen Fischnahrungsmittel ökologisch nachhaltig gefischt wurden, und zwar gemäß MSC-Zertifikat – was immer das sei. Josef Ackermanns „Deutsche Bank" – für viele der Inbegriff raffgierigen Managertums – fördert so viele gute Anliegen, dass man sie kaum mehr aufzählen kann, darunter die Stützung ehrenamtlichen Engagements. Stolz verkündet man an gleicher Stelle, dass das Bürogebäude der Zentrale nun nach ökologischen Kriterien für sehr, sehr viel Geld „nachhaltig" gestaltet sei. „Wir freuen uns auf grün", prangt es auf der Überschrift dazu. Und so könnte man nun endlos fortfahren.

Sind wir nun auf den Weg zu einer besseren Welt? Ist der einstmals zum Raubtier erklärte Kapitalismus zum lieben kleinen Lämmchen geworden? Das Zauberwort, das alles dies bewirkt haben soll, heißt „Corporate Social Responsibility". Man könnte sich über CSR, wie das populäre Kürzel heißt, aus vielerlei Gründen freuen. In Zeiten eines kränkelnden Wohlfahrtsstaates, der immer mehr Geld verschlingt, aber immer weniger zur Verbesserung des Loses der Menschen beiträgt, ist zusätzliches Engagement – insbesondere das Engagement finanzkräftiger Firmen – doch herzlich willkommen zu heißen. Außerdem: Die Leistungen, die CSR erbringt, entstammen nicht einer Zwangsagentur, d.h. kein Staat zwingt dem Bürger Steuern oder Beiträge ab, kein Staat erlässt hinderliche Regeln und Vorschriften. Sollte man sich als Freiheitsfreund nicht freuen?

Freiwilligkeit war einmal das Grundprinzip, an dem sich Sozialreformer orientierten – damals in den Zeiten von Carnegie und Dippy. Das war vor dem Wohlfahrtsstaat, und es war effizienter als sich mancher Sozialstaatsschwärmer heute vorstellen kann. Wer weiß heute noch, dass rund 70% derer, die 1883 von Bismarck in die gesetzliche Krankenversicherung gezwungen wurden, bereits privat versichert waren bzw. von gemeinnützigen Vereinigungen entsprechend betreut wurden? Wer kennt noch die große Rolle, die Konsum-, Produktions- oder Wohnungsbaugenossenschaften einst spielten? Wer kennt die Bedeutung, die damals den Sozialeinrichtungen von großen Firmen zukam – etwa der Betriebsrente von Siemens, die sogar Überschüsse erwirtschaftete statt durch die Demographie überfordert zu werden. Der Staat hat – ohne dass man alles, was er heute so tut, niedermachen muss – vieles an sozial verantwortlicher Eigeninitiative verdrängt. Und damit nahm er uns auch ein Stück Freiheit. Ist es daher nicht schön, dass unter dem Banner der CSR ein Stück dieser Freiheit wieder gewonnen wurde?

Doch ist CSR dasselbe wie die einstmals so weit verbreitete Philanthropie von Unternehmern? Ein Unterschied ist sofort augenfällig. Carnegie und Co. spendierten damals großzügig aus ihrer Privatkasse, ihrem Vermögen. Solche Spender gibt es heute auch noch. Bill Gates ist das wohl berühmteste Beispiel. CSR hingegen operiert mit dem firmeneigenen Kapital. Mehr noch: Die CSR-Ziele sind Teil der Unternehmensplanung und -philosophie. Bei manchen Unternehmen kann man, wenn man ihrer Öffentlichkeitsdarstellung glauben darf, fast schon glauben, dass die Wohltätigkeit und die Sorge um die Umwelt weit über dem schnöden Ziel der Gewinnmaximierung rangieren. Eigentlich sei man ja nur eine karitative Vereinigung mit kleinem Profitappendix. Es ist leicht und wohl auch nicht völlig falsch, das als Heuchelei zu entlarven. Aber wenn dem so ist, warum machen sie es?

Dazu muss man zunächst einmal begreifen, was es bedeutet, wenn Unternehmen sich der CSR verpflichten. Milton Friedman, der große liberale Wirtschaftsnobelpreisträger, hat schon 1970 in einem Artikel in der New York Times gesagt: „Die soziale Verpflichtung einer Firma ist es, Profit zu machen." Das wurde ihm seither ständig vorgehalten, weil es angeblich so klang, als ob Friedman (der selber eine gemeinnützige Stiftung ins Leben rief) etwas gegen Philanthropie und soziales Engagement gehabt hätte, als hätte er der Kaltherzigkeit das Wort geredet. Auch ging es ihm nicht darum, Rechtsverstöße von Unternehmen zu exkulpieren. Vielmehr hatte er erkannt, dass CSR wenig mit echter Warmherzigkeit zu tun hat. Weil es nämlich nicht um persönliches Vermögen, sondern um Verwendung von Firmenkapital durch bezahlte Manager geht! In anderen Worten: Es geht um anderer Leute Geld, etwa das der Aktionäre oder auch das der Kunden, wenn dadurch Preise erhöht werden. Sie haben ein Recht darauf, dass das Unternehmen gewinnträchtig arbeitet und sonst nichts.

Um dem Vorwurf der Schwarzmalerei gleich die Spitze zu brechen: Das muss nicht alles per se schlecht sein (Manager geben schließlich immer anderer Leute Geld aus). Vielleicht ist so manches dabei sogar wünschenswert und im Sinne des Unternehmens. Der vorgebliche Grund, warum viele Firmen sich dazu hergeben, ist, dass die Imageaufbesserung einer Firma auch werbewirksam und somit Gewinn steigernd wirken kann. Insofern tritt hier nicht per se ein Freiheitsproblem auf. Was Sorgen bereiten muss, ist der gegenwärtige Kontext, in dem sich das Ganze bewegt. Unter normalen Marktbedingungen dürfte die CSR aber kaum das enorme Ausmaß annehmen, das sie im Augenblick zu haben scheint. Der auf Fragen der Unternehmensethik (eine akademische Zuwachsbranche) spezialisierte Philosoph Otfried Höffe hat einmal argumentiert, es gebe zwei Typen von Unternehmen. Der eine gleiche dem kurzfristig taktierenden „bloßen Politiker", der andere dem vorausschauenden „Staatsmann". Ersterer scheitere langfristig, dem anderen werde Ruhm und materieller Segen zugleich zuteil. Als Beispiel führt er an: „Nur kurzsichtige Unternehmer bilden erst aus, wenn die Personalmärkte leer sind; langfristige Unternehmer beginnen weit früher." Und, nachdem er schon einmal den Unterschied zwischen Unternehmer und Unternehmen ausgehebelt hat, folgert er: „Weil überlegen agierende Unternehmen auf einen nachhaltigen Wirtschaftserfolg setzen, lassen sie sich bei Investitionen beispielsweise auf die Berücksichtigung der langfristigen sozialen und ökologischen Folgen ein." Es ist ziemlich offenkundig, dass es sich hier um eine semantische Spielerei handelt. Die langfristige Sicherung einer guten Personaldecke durch zeitige Ausbildung ist unternehmerische Kernaufgabe im ureigensten Interesse. Die ökologischen und sozialen Probleme sind es allenfalls bedingt. Oft genug werden sie außerhalb der Unternehmen ohne das betreffende unternehmerische Kalkül zu berücksichtigen, definiert. Genau um diesen Bereich (und nicht um innerbetriebliche Ausbildung) geht es aber bei der *Corporate Social Responsibility*. Sie setzt per se und qua Definition dort an, wo eben nicht wirkliche und unmittelbare unternehmerische Interessen betroffen sind. Das ist sozusagen ihr Sinn. Das ökologisch nachhaltige Gebäude der Deutschen Bank in Frankfurt ist gewiss nicht Ausfluss einer echten langfristigen Unternehmensplanung, sondern wohl eher eine Antwort auf einen „Klimawechsel" in der Politik. Denn wenn Unternehmen innerhalb solch kurzer Zeit eine solch gesteigerte Neigung verspüren, sich in Sachen CSR zu engagieren, dann kann man getrost annehmen, dass sie vielleicht doch ein wenig Zuckerbrot und Peitsche gewittert haben.

In den letzten Jahren befasst sich immer mehr die Politik – international und national – mit CSR. Das mutet merkwürdig an, ist doch der Anspruch des Ganzen, dass es auf völliger Freiwilligkeit basiere. Allenfalls eine Reform des Spenden- und Stiftungsrechts oder eine Steuerreform wären als flankierende Maßnahmen der Politik denkbar. Aber offensichtlich ist dem nicht so. Das zweifellos bekannteste Beispiel ist der 1999 vom damaligen UN-Generalsekretär Kofi Annan international operierenden Unternehmen angebotene *„Global Compact"*. Er verpflichtete die Unterzeichner unter anderem, ökologisch nachhaltig zu wirtschaften, sich für die Schaffung von Umweltbewusstsein einzusetzen, auf die Abschaffung von Kinderarbeit einzuwirken und sich für Menschenrechte aller Art einzusetzen. Neben zahlreichen UN-Unterorganisation (ILO, UNEP etc.), Nichtregierungsorganisationen (die meist schwer regierungsabhängig sind) und staatlichen Stellen (bei uns des Auswärtige Amt und das BMZ) hatten bis Ende 2005 rund 2550 große Unternehmen den *„Compact"* unterzeichnet. Da ihm aber kein Instrument zur Erzwingung eingegangener Pflichten zur Verfügung steht, wird der *„Compact"* von vielen als eine Art Papiertiger gesehen, der nur der Öffentlichkeitsarbeit bestimmter Firmen dient. Zahlreiche gutmenschlich agierende NGOs haben deshalb dem Projekt wieder den Rücken zugekehrt. Aber ganz so zahnlos ist der *„Global Compact"* nicht. Wenn auch nicht alle NGOs, so hat er doch die Politik einzelner Staaten und insbesondere der Europäischen Union bereits beeinflusst. Die EU hat bereits mit weiter gehenden Vertiefungen begonnen. Schon 2006 wurden weitere 8 Politikfelder festgelegt, bei denen man mit den Unternehmen (nun auch mittelständische) in den „Dialog" treten wollte. Im gleichen Jahr begann man mit einem Projekt, CSR und Handelspolitik in Einklang zu bringen. Obwohl man betonte, dass man immer noch nicht daran denke, Zwangsinstrumente einzuführen, wies die Rhetorik schon einen recht deutlichen Zug von Globalisierungskritik und einer gewissen Animosität gegenüber Marktfreiheiten auf. Zwischen wirtschaftlicher Globalisierung und internationaler Politikintegration bestehe noch eine Diskrepanz, meinte man leicht säuerlich. Damit wurde klar, was anschließend auch formuliert wurde, nämlich das CSR für die EU eigentlich nur eine (unvollkommene) Vorstufe internationaler Regulierung sei. Langfristig sei es Ziel, das „Ungleichgewicht" (imbalance) zwischen den starken internationalen Wirtschaftsinstitutionen (insbesondere die WTO) und den sozialen und ökologischen Institutionen zu beseitigen. Das ist die Rhetorik der Anti-Globalisierungsbewegung, die die EU in diesem Bereich anscheinend tief verinnerlicht hat. Der Grund, warum sich die Politik mit CSR so sehr befasst, ist also nicht unbedingt der Wunsch, die freie Entfaltung der Philanthropie zu fördern, sondern diese Philanthropie in politisch wünschenswerte Bahnen zu lenken. Mehr noch: Oft wird das Ganze nur als Vorbereitung zur Entfaltung politischer Macht zu Lasten der Philanthropie gesehen.

Hinter allen diesen Aktivitäten steht das, was man gemeinhin als *„soft power"* der Politik bezeichnet. Damit ist eine Form staatlicher Machtausübung gemeint, die nicht auf Gewalt und Zwang, sondern auf Anreiz zur Kooperation, auf Kooperation, auf Vermengung von Privatem und Staatlichen und „Erziehung" basiert. *„Soft power"*, zumindest im EU-Bereich, gibt es aber selten in ihrer theoretischen Vollendung und Reinkultur. Die Vermischung mit einer kleinen, scheinbar entfernten Dosis „hard power" gehört in der Regel schon dazu. Dazu gehört die Verleihung von staatlichen Umweltpreisen, die Entwicklung von Qualitäts-Labels (Umweltsiegel etc.) oder die Formulierung konkreter Standards und Zertifizierungen, an denen sich dann auch die Ziele von CSR-Vereinbarungen zu halten haben. Mittlerweile hat die EU-Kommission in der Tat ein europaweit vereinheitlichtes Zertifizierungssystem geschaffen, samt der dazu gehörigen Behörde, der EA (European Co-operation for Accreditation), denen wieder hierarchisch nationale Stellen angeschlossen sind, etwa der Deutsche Akkreditierungsrat. Darin versammeln sich wiederum so viele Wirtschafts-, Sozial- und Öko-Lobbies, dass hier schon ein sehr materieller Regelungsdruck entsteht. Der so voll entfaltete Korporatismus kann von sich nominell behaupten, hier ginge alles freiheitlich zu. In Wirklichkeit ist er ein Musterbeispiel für einen Mechanismus, der die schleichende Erosion von Freiheit betreibt. Unternehmen sind in einem umfassenden Kokon eingesponnen, alles ist irgendwie zur Gemeinschaftsangelegenheit geworden. Selbsternannte *„stakeholder"* dominieren die eigentlichen *„shareholder"*. Diese Art von *„soft power"* (mit harten Elementen) wird sicher von fast allen Regierungen praktiziert, ist aber bei internationalen Institutionen, die ja selten über eine voll entwickelte legislative Souveränität verfügen, der mittlerweile fast dominierende Politikstil. Wir tendieren daher dazu, die Bedeutung dieser Institutionen gering einzuschätzen, weil sie ihre eigentlichen Kernaufgaben – siehe das Scheitern der UN in Darfur – oft nicht zufrieden stellend löst, weil diese „harten" Einsatz erforderten. Damit unterschätzt man die tatsächliche Macht, die insbesondere die UN real bereits innehat, die sich aber auf Gebiete bezieht, die außerhalb der klassischen Kernaufgaben Friedenssicherung und Menschenrechte liegen. Hier hat sich die UN eine Unzahl gut finanzierte Spielwiesen für gutmenschliches *„social engineering"* geschaffen, die sich auf fast jedem denkbaren Politik von Kultur bis Frauenfragen tummeln. Im Verbund mit zahlreichen Nichtregierungsorganisationen (von denen viele nicht ohne UN-Vorgaben existieren würden) durchdringen sie die verschiedenen nationalen Politikdiskurse in einem nicht zu unterschätzenden Maße. Dies geht über informelle Kooperation auf zwischenstaatlicher und nicht-staatlicher Ebene und spielt sich deshalb außerhalb des Rahmens einer einigermaßen wirksamen demokratischen Kontrolle ab. Besonders auf UN-Gipfeln (etwa der Frauenrechtsgipfel in Peking 1995), die für sich genommen kaum Entscheidungsbefugnisse haben, die über schöne Resolutionen hinausgehen, findet eine derartige politische Kartellbildung statt. Deshalb werden deutsche Bürger (und bisweilen auch die Politiker) nicht selten überrascht, wenn bestimmte Regelungen – meist über die EU, die selbst über wenige effektive demokratische Kontrollmechanismen verfügt – unaufhaltsam ins nationale Recht aufgenommen werden müssen.

Fast schon hellseherisch meinte deshalb Milton Friedman schon lange bevor die CSR-Welle die Welt überschwappte, dass „die Doktrin der *corporate social responsibility* die Akzeptanz der sozialistischen Ansicht beinhaltet, dass politische, nicht marktwirtschaftliche Mechanismen der rechte Weg sind, um die Verteilung von knappen Ressourcen für alternative Zwecke festzulegen." Ganz offenkundig ist die Mentalität, die hinter der CSR-Ideologie (im Gegensatz zum klassischen Philanthropismus) steht, eine, die den Vorrang der Politik vor dem Markt postuliert. Sie ist sogar von tiefem Misstrauen gegenüber dem Markt und seiner Grundvoraussetzung, dem freien Unternehmertum, geprägt. Vor allem scheint sie sich wenig um ein ganz wesentliches konstituierendes Element einer jeden echten liberalen politischen und wirtschaftlichen Ordnung zu scheren. Dieses besteht in der klaren Trennung von privater und staatlicher Sphäre. Sie wird durch den konzertierten staatlichen Hintergrund durchaus dramatisch geschwächt.[1] Es ist die Logik des großen

---

1   Damit soll nicht behauptet werden, dass dies in jedem Einzelfall schlecht sein muss. Wenn etwa der Logistikkonzern TNT sich am UN-

„runden Tisches", an dem die Politik die vielfältigen wirtschaftlichen, sozialen und ökologischen Interessen beherzt moderiert. So verfügt bezeichnenderweise die *„Global Compact"*-Initiative der UN über ein eigenes wohlfinanziertes Büro, das nicht im Verbund der beteiligten Partner zustande gekommen ist, und das auch nicht von ihnen finanziell unterstützt wird. In einem kürzlich erschienenen Beitrag hält Robert Reich, der ehemalige US-Arbeitsminister unter Bill Clinton, die Gefahr für die Demokratie, die von CSR ausgeht, größer als die Gefahr, die der Marktwirtschaft dadurch droht: „Wir können sowohl eine dynamische Demokratie als auch einen dynamischen Kapitalismus haben. Dafür sind beide Sphären sauber zu trennen." In der Tat versucht der Staat mit CSR die Unternehmen dazu zu bringen, Dinge zu unterlassen oder zu tun, die er aber andererseits nicht verbietet bzw. fordert. So meint Reich denn auch: „Es ist unlogisch, Unternehmen dafür zu kritisieren, dass sie sich in ihren Aktivitäten an die derzeitigen Regeln halten. Wenn wir wollen, dass sie sich anders verhalten, müssen wir die Regeln ändern." Auch wenn Reich, der durchaus zu kapitalismuskritischen Anwandlungen neigt, die Grenzen anders ziehen würde als ein Marktliberaler, ist ihm grundsätzlich nicht zu widersprechen. Wenn etwas als zwingendes öffentliches Interesse erkannt wird, das durchgesetzt werden muss, dann soll man es auch klar durchsetzen. Überlässt man es

---

Welthungerprogramm beteiligt, wird der Transfer von Know How aus dem Unternehmen sicher die Qualität des Programms verbessern. Insgesamt ist jedoch die Tendenz der Vermengung privat/öffentlich institutionell bedenklich.

dem Ermessen der Akteure, dann soll man auch Freiheit gewähren. Das ist eine rechtsstaatliche Minimalforderung (unabhängig davon, ob man die reale staatliche Eingriffssphäre für bereits zu weit gehend erachtet). CSR verwischt die Grenzen, arbeitet mit subtilen Druckmitteln und lässt die eigentliche Freiheitssphäre, die noch besteht, in einer Grauzone. Das bringt potentielle Gefahren mit sich.

Wer sich über Freiheit sorgt, schaut meist besorgt auf den Staat. Der hat auch schließlich in der CSR das Mittel gefunden, schleichend seinen Suprematsanspruch zu erweitern. Aber dieser Staat agiert nicht im luftleeren Raum. Sein Handeln ist auch von Einflüssen bestimmt. Zu denen zählt gewiss auch die Welt großer Unternehmen. Es ist keineswegs so, das bei diesen Unternehmen CSR immer als etwas empfunden wird, das man ihnen aufnötigt. Es geht hier nicht um die schwarz-weiße Alternative „finster-tyrannischer Staat" versus „hehres, freies Unternehmertum". Die CSR-Strategie zielt ja gerade auf Vermengung von Interessen ab.

Sicher spielt auch manchmal eine gewisse Rückgratlosigkeit eine Rolle angesichts solch geballter politisierter Moralkeulenmacht, wie die Publizisten Dirk Maxeiner und Michael Miersch feststellen: „Besonders beliebt ist dieses Spiel in Deutschland, wo die Firmenlenker derzeit ein klägliches Bild bieten. Mit dreister Selbstbedienung bei mäßiger Performance ruinieren die Unternehmensführer ihre eigene Berufsehre. Dabei verstärken sie die antiökonomischen Reflexe einer Gesellschaft, die ohnehin schon nicht viel von

Menschen hält, die dem schnöden Profit nachrennen." Für viele scheint CSR mittlerweile so eine Art Ablasshandel zu sein, bei dem man ein paar Frondienste oder Geldbeträge für gute Zwecke leistet, um so das Seelenheil zu erkaufen und reinen Gewissens dazustehen. Dafür spricht übrigens, dass Unternehmen inzwischen weit mehr Geld für kapitalismuskritische Nichtregierungsorganisationen (etwa Greenpeace, eine Organisation, die so zum Wirtschaftsimperium anwuchs) spenden als für marktwirtschaftlich orientierte. Für manche dieser Organisationen ist die Moralkeule zum profitablen Druckmittel geworden.[2] Deshalb steckt hinter dem Tun der Unternehmen nicht selten Heuchelei, die dazu führt, dass die im Munde geführten Ziele, zu denen man sich verpflichtet hat, gar nicht ernstlich verwirklicht werden. Als sozialpolitisches Wundermittel taugt CSR jedenfalls nicht. Aber alles das ist eben nur ein Teilproblem. In Wirklichkeit dürfte die Motivation bei vielen Großunternehmen weniger einer Neigung zur Waschlappigkeit entspringen, sondern eher einem eiskalten Kalkül, das politisch erworbene Profite mit einbezieht. Selbst marktfeindliche Agitation kann Märkte öffnen.

Mögen linke Kritiker behaupten, dass Marktversagen und „Heuschrecken" die Klimakatastrophe verursachen, dennoch machen die großen Versicherungsgesellschaften ei-

---

2   Im Sommer 2007 erfuhr man, das der Discounter „Lidl" unter den Druck einer Umweltkampagne von Greenpeace (es ging um Pestizide im Gemüse) geriet, die erst abebbte, als Lidl versprach, 60.000 Exemplare der Auflage des Greenpeace-Magazins in seinen Filialen zu verteilen.

nen Riesenreibach aus den Krisenszenarien. CSR kann helfen, sich Marktanteile zu erschleichen, die man unter fairen Bedingungen gar nicht hätte. Sie bringt politische Akteure und Wirtschaftsführer zusammen. Unzählige politisch/wirtschaftliche Kartelle sitzen an einem Tisch. Die Möglichkeiten bestehen, die Moralkampagne jederzeit in harte Gesetzgebung zu verwandeln. Dabei kommen auf Kurzfristigkeit angelegte Interessen zur Geltung, die dem hehren Ideal Otfried Höffes vom „staatsmännischen" Unternehmen blanken Hohn sprechen. Ein Beispiel war die Beteiligung der sonst sehr harsch gegen Gesundheitsaposteleien auftretende Zigarettenlobby, die sich plötzlich an der Gesundheitskampagne gegen Nikotin beteiligte, als es um *„Snus"* ging, einer schwedischen Art gesalzenen Kautabaks, die zwar gesundheitlich weniger schädlich als Zigaretten ist, aber auch in Konkurrenz zu diesen steht. 2001 erließ die EU ein Verbot von *„Snus"*.

CSR erlaubt obendrein eine milde Form von Protektionismus. Hohe Umwelt- und andere Standards sind ein Mittel im Standortwettbewerb. Sie senken zunächst die Kostenvorteile, die die Produktion in Entwicklungsländern bringt. Das größere Problem scheint jedoch der Druck auf die Unternehmen aus den Entwicklungsländern selbst zu sein. Multinationale Unternehmen können mit Hilfe der Standards Konkurrenten von den entwickelten Märkten fernhalten. Dabei kooperieren sie de facto mit Nichtregierungsorganisationen, die Kampagnen gegen bestimmte Produkte führen. Das könnte jede eigenständige Entwicklung der betreffenden

Wirtschaften konterkarieren und die Abhängigkeit von einigen *Global Playern* erhöhen, die von denselben Nichtregierungsorganisationen ständig kritisiert wird. hier kann man Robert Reich nur zustimmen: „Der Sinn des Kapitalismus besteht darin, Kunden und Investoren attraktive Angebote zu machen. Der Sinn der Demokratie ist es, Dinge zu erreichen, die dem Einzelnen alleine verwehrt blieben. Wenn Unternehmen gesellschaftliche Verantwortung zu übernehmen scheinen oder die Politik dazu nutzen, ihre Wettbewerbsposition zu stärken oder zu sichern, wird diese Grenze überschritten."

Betrachten wir die Zeitspanne von Carnegies „Dippy" bis zum heutigen Tage, können wir einen Wandel von der Unternehmer-Philanthropie hin zur politisierten Unternehmens-Sozialverantwortung beobachten. Dieser Wandel hat eine bei schleichenden Freiheitsbeschränkungen fast immer zu beobachtende Nebenwirkung. Die Vielfalt geht verloren. Die Politisierung der CSR hat – und das ist ja schließlich auch so gewollt – eine Koordination und Vereinheitlichung von Zielen zur Folge gehabt. Nun muss der Fairness halber gesagt werden, dass es auch viele gemeinnützige Aktivitäten von Unternehmen gibt, die sich außerhalb des Mainstreams bewegen, doch ihre zahl ist geringer geworden. Die Fokussierung auf politisch gewollte Ziele – auch wenn sie noch so wünschenswert sind – hat dies notwendig zur Folge, weil sie eben „positive" Vorgaben sind. Auch das hat etwas mit Freiheit zu tun, weil die Gesetzgebung in einem liberalen Gemeinwesen Gesetzesvorgaben mit „negativem"

Inhalt bevorzugen muss, d.h. das für schädlich befundene Handlungsweisen verboten werden und alle anderen Optionen weiterhin frei bleiben (Motto: Was nicht verboten ist, ist erlaubt). CSR versucht hingegen das Verhalten zum Teil recht detailliert festzuschreiben. Wenn es um Werte und Moralansprüche geht (und das tut es bei CSR), muss das unweigerlich eine Frage aufwerfen: Ist eine liberale Gesellschaft nicht eine, die auf Wertepluralismus basiert? Es mag konkurrierende Werte geben. Das in der CSR-Kultur so beliebte Thema des Klimaschutzes ist zum Beispiel keines, wo Positionen so eindeutig beziehbar sind. Es gibt genügend Experten, die an den Katastrophenszenarien zweifeln oder meinen, dass sich die sozialen Kosten der international eingeleiteten Klimapolitik in keinem Verhältnis zu den realistischerweise erwartbaren Ergebnissen stehen.

Oder auch: Ist es CSR-würdig, wenn man sich für Klimaschutz engagiert, indem man Atomkraft fördert? Die meisten CSR-Vertreter im politischen Raum werden sich wohl kaum trauen, das zu sagen. Die Unternehmen häufig mittlerweile auch nicht mehr.

Es ist durchaus denkbar, dass CSR von vielen seiner Verfechter als ein wesentlicher Bauteil eines Strebens nach „kultureller Hegemonie" im Sinne Antonio Gramscis und damit ein Teil einer Strategie zur Überwindung des verteufelten internationalen Kapitalismus gesehen wird. Der große kommunistische Strategietheoretiker, der in den 30er Jahren von Mussolini eingesperrt worden war und im Kerker sein Hauptwerk „Gefängnisbriefe" schrieb, hatte die These vertreten, dass seine ökonomischen Widersprüche (im „Unterbau", wie Marx sagen würde) für sich genommen nicht den Untergang des Kapitalismus bewirken könnten, sondern dass es dazu einer Veränderung des „ideologischen Überbaus" bedürfe. Solange das Feld von Meinungsbildung, Intellektuellenauslese, Gewohnheitsansichten und Forschung im Sinne der herrschenden Klasse beackert werde, sei keine grundlegende Veränderung oder gar eine Revolution denkbar. Erst wenn man dem Klassenfeind die „kulturelle Hegemonie" entrissen habe, sei dies zu bewerkstelligen.

Diese Erkenntnisse haben den erfolgreicheren Teil der Linken in den letzten Jahrzehnten enorm geprägt. Der Marsch durch die Institutionen, die linke Dominanz in den Medien und die entsprechende Ausrichtung der in dieser Hinsicht fast zu Konformismus neigenden Intellektuellen legen beredtes Zeugnis von einer wahren Erfolgsgeschichte ab. CSR, so muss dann doch festgestellt werden, passt zumindest ausgesprochen gut in die Gramsci'sche Strategie. Diese hat die stabile Klassenherrschaft dadurch definiert, dass die intellektuelle und kulturelle Dominanz so stark ist, dass selbst die Opfer und Ausgebeuteten (dank „Ideologieagenturen" wie Kirche oder Familie) daran glauben, dass sie Vorteile daraus zögen. Umgekehrt ist eine revolutionär verändernde Bewegung nur dann erfolgreich, wenn die Herrschenden selbst nicht mehr an ihre eigene Ideenwelt glauben, sondern sich den Ideen ihrer Gegner anschließen.

Der Glaube, dass wir an diesem Punkt angelangt sein könnten, ist nicht völlig aus der Luft gegriffen. Was früher als Ausbund systemüberwindender Ideologie verurteilt wurde, ist heute der Managementjargon in Unternehmen. Marktwirtschaftliche Werte geraten langsam auch bei denen in Vergessenheit, die eigentlich gegen solch eine Amnesie gefeit sein müssten. Übrig bleibt, was sich irgendwann zur ideologischen Monokultur entwickeln kann.

Bleibt noch eine kulturkritische Anmerkung: Wie ist es um die Moral der Gesellschaft bestellt? Sicher will niemand, dass die Unmoral die Welt regiert. Aber wollen wir die Moralisierung von allem und jedem? Wir sind auf dem Wege zur durchmoralisierten Gesellschaft. Eine Art moderner Turbocalvinismus durchzieht das Land. Er ist aber nur deshalb „modern", weil er das eigentliche Ziel des ursprünglichen Calvinschen Calvinismus, zu Tugend und Religion zu ermuntern, ausklammert. Für so etwas hat der moderne Calvinist nur Spott übrig. Ihm geht es – von der gleichen Heilserwartung inspiriert – um andere Ziele, die mit gleicher Strenge und Rigorosität betrieben werden. Werbeverbote, Rauchverbote, Antidiskriminierungsgesetze, politische Korrektheit – das sind (um nur einiges zu nennen) Vorboten eines Trends, der darauf abzielt, Lebensoptionen zu tabuisieren und einzuschränken. Aus jeder kleinen Entscheidung muss eine Entscheidung zwischen Gut und Böse gemacht werden. Und auch die mögliche Wahl dazwischen, was denn nun eigentlich gut sei, muss eingeschränkt werden. Die Stimmung gleicht der des von Carl Schmitt einst beschworenen politischen Notstands, an dem sich erst zeigt, was Macht so alles richten kann. Giftiges Essen, Fettleibigkeit, Magersucht, Klimakatastrophe – überall lauert die Gefahr, die einfach von jedermann gleichermaßen und maximal ernst genommen zu werden hat. CSR, wie es sich heute darbietet, ähnelt diesem Ganzen und ist wohl auch ein Teil davon. Eine freie Gesellschaft ist eine, die Optionen erlaubt. Eine unfreie Gesellschaft ist eine, die überall das klare Ziel vor Augen hat, dem alle verpflichtet sein müssen. Insofern tangiert die Politisierung von Wohltätigkeit eine zivilisatorische Grundfrage. Wollen wir die offene oder die formierte Gesellschaft? Ist die Vision, dass alle Menschen von nun immer am selben Strang ziehen müssen, gut für uns und für unsere Freiheit?

Als „Dippy" ins Berliner Naturkundemuseum gestellt wurde, hatte man auf diese Frage noch eine klare Antwort. Ob hinter dem Wunsch einer konzertierten CSR noch diese klare Weltsicht steckt, mag man zumindest teilweise bezweifeln. Sie appelliert an (milde, zugegebenermaßen) kollektive Instinkte. Früher hat man es als öffentliche Aufgabe gesehen, den unternehmerischen Eigennutz so weit zu dämpfen, dass er nicht die Gesetze zum Schutz der Menschen verletzte. Wir haben aber auch inzwischen gelernt, dass eine darüber hinaus gehende Beschränkung und Politisierung der Wirtschaft, wie sie der Sozialismus will, schlecht ist. Auch Eigennutz braucht Freiheit. Noch schlimmer aber wäre es, wenn wir nun auch noch die Wohltätigkeit politisierten.

Thomas Deichmann

Wenn die „civil society" zum Regieren eingeladen wird

Am 9. Juli 2007 wurde erstmals feierlich der „Deutsche Verbrauchertag" begangen – gut sechs Jahre nachdem in Deutschland, vorbildhaft für viele Nachbarn, das erste Bundesministerium für Verbraucherschutz gegründet und unter der Ägide von Renate Künast (B'90/Grüne) eingerichtet worden war. Zum Verbrauchertag bemühten sich Politiker jeder Couleur, dem „mündigen Verbraucher" den Hof zu machen und die Arbeit seiner „Schützer" zu loben. Künasts Nachfolger, Horst Seehofer (CSU), verlieh der ausscheidenden Vorsitzenden des Bundesverbandes der Verbraucherzentralen (VZBV), Edda Müller, die „Professor-Niklas-Medaille" in „Würdigung ihres außerordentlichen und überaus erfolgreichen Engagements für die Belange der Verbraucherinnen und Verbraucher." Bundespräsident Horst Köhler und andere prominente Gäste sprachen im Rahmen einer Tagung in ebenso hohen Tönen über die neue politische Ära, in der es nun vorrangig nicht mehr um Industrie- oder Politikinteressen, sondern um die der von allerlei Gefahren umzingelten Verbraucher gehe.

Natürlich gibt es Verbraucherschutz schon lange, und zwar seit sich die moderne Gesellschaft die dafür erforderliche Arbeitsteilung erlauben kann und juristische, wissenschaftliche und technische Grundlagen für die Abwehr realer Gefahren bestehen. Analyseverfahren für die Qualitätsbestimmung von Fleisch, Eiern, Obst und Gemüse beispielsweise gibt es schon seit Jahrzehnten. Die Entwicklung solcher und anderer Verfahren hat die Möglichkeiten staatlicher Verbraucherschutzbehörden kontinuierlich erweitert. Das Ergebnis kann sich sehen lassen: Der traditionelle Verbraucherschutz funktioniert bis heute ohne großes politisches Brimborium sehr gut. Vor allem in dem Segment, in dem sich heute seine neuere Variante gerne tummelt: in der Kette der Lebensmittelproduktion.

Experten in Ministerien, Ämtern und Labors sorgen schon lange ganz im Stillen dafür, dass unser immer vielfältigeres und günstigeres Lebensmittelsortiment Topqualitäten erreicht hat. Vergiftungsepidemien gehören längst der Vergangenheit an. Missstände werden in der Regel rasch lokalisiert und behoben. Der Bürger kann heute ohne Wimperzucken in Supermarktregale nach Nahrungsmitteln greifen in der felsenfesten Gewissheit, sich nicht zu vergiften. Auch gab es schon früh eine Reihe pflichtbewusster Initiativen wie die „Stiftung Warentest" und andere Beratungs- und Rechtschutzvereine für die Bürger. Ingesamt ging und geht es diesen Initiativen darum, hinter den Kulissen wirtschaftliche Ungleichgewichte zwischen Käufern und

Verkäufern auszugleichen und, kurz gesagt, die Bürger vor Abzocke und schlechter Produktqualität zu bewahren.

Die Fortschritte auf diesem Gebiet sind enorm und gerade dort, wo naturwissenschaftliche Erkenntnisse im Spiel sind, mitunter bahnbrechend. Die BSE-Krise ist ein gutes Beispiel: binnen weniger Monate wurden Ende der 80er Jahre die wahrscheinlichen Ursachen des Rinderwahnsinns in der Verfütterung von nicht ausreichend erhitztem Tiermehl erkannt und entsprechend gehandelt. So wurde möglicher Schaden von Menschen abgewendet, und Tierbestände, die ohne wissenschaftliche Forschung vermutlich ins Gras hätten beißen müssen, konnten erhalten werden. Doch bis zum Ausbruch der BSE-Krise war nur selten von „Verbraucherschutzpolitik" die Rede. Erst mit dem Rinderwahnsinn kam sie in neuer „post-moderner" Gestalt zum Tragen.

Eine nach dem Ende der alten Ordnung händeringend nach neuen Visionen suchende Politikerklasse stürzte sich auf das Thema und erkannte, dass gegenüber einer desillusionierten Wählerschaft mit dem Rinderschlachten neue Entschlossenheit demonstriert werden konnte. Ein Sachthema der Agrarbranche wurde erstmals von der Politik „gehijackt". Es kam zu hysterischem politischen Aktionismus, umstrittenen Massenkeulungen und ebenso fragwürdigen Belehrungen der Bürger. Ein Programm von Ex-Kanzler Gerhard Schröder (SPD) zur Einführung einer „Zukunftstechnologie" namens Grüne Gentechnik wurde kurzerhand gestoppt. Die Wissenschaft trat in den Hintergrund. Das politische Spiel auf der Angstklaviatur, begleitet von Erlösungsversprechen einer neuen Beschützerelite sollte Schule machen – partei- und länderübergreifend.

Bei den Feierlichkeiten zum ersten Verbrauchertag zeigte sich, dass der klassische Verbraucherschutz, der wissens- basiert und überwiegend ohne politischen Bohai im Hinter- grund agiert, um der Politik und dem Bürger den Rücken für andere Aufgaben im Beruf oder Privatleben frei zu halten, von ganz anderen Formen der Konsumentenfürsorge über- lagert worden ist. Natürlich bemühen sich unzählige Fach- kräfte weiter um einen möglichst gefahrlosen Alltag der Bür- ger. Doch darum geht es bei der politisch motivierten Verbraucherschutzpolitik nicht. Mit ihr werden zum einen neue Konzepte zur Bindung des Bürgers an den Staat und die Parteienapparate erprobt. Zum anderen wird eine fort- schrittsskeptische Weltanschauung popularisiert, die sich um die Begriffe Nachhaltigkeit, Umweltschutz und Risiko- vermeidung dreht. Es geht um Botschaften, die seit den frü- hen 80er Jahren von den Grünen verbreitet wurden: Tech- nikfurcht, Wissenschaftsskepsis und damit verbundene Weltuntergangsängste, gepaart mit antikapitalistischen Res- sentiments, altlinkem Antiamerikanismus und ausgeprägtem Misstrauen gegenüber der Schöpfungskraft freier Men- schen. Diese deprimierende Weltanschauung wurde man- gels eigener Alternativen schließlich von allen Parteien auf- gesogen. Und mit der neuen Verbraucherschutzpolitik wurde sie institutionalisiert.

Aktuelle Diskussionen um das vermeintliche Wohl der Verbraucher drehen sich daher in erster Linie immer um Forderungen nach Sparsam- und Enthaltsamkeit, Horrorszenarien und diffuse Zukunftsängste. Der Erwartungshorizont der Bürger wurde dadurch auf die Dimension von Discounterregalen geschrumpft, die Freude am Leben und Lust am Fortschritt weitgehend eingedampft. Dem Bürger wird zwar suggeriert, durch die neue Verbraucherschutzpolitik endlich in seinen Belangen ernst genommen zu werden. In Wirklichkeit wird er darauf eingestimmt, sich als bedroht und schutzbedürftig wahrzunehmen. Kein Wunder, dass mittlerweile von einer „depressiven Gesellschaft" gesprochen wird.

Die konkrete Ausrichtung des aktuellen Verbraucherschutzes verdeutlicht den neuen Charakter der Politik. Produkte müssen heute nicht mehr einfach nur nachweislich gut und sicher sein und technisch einwandfrei funktionieren, so wie es die „Stiftung Warentest" fordert und überprüft. Produkte dürfen heute stattdessen sogar qualitative Mängel aufweisen und werden trotzdem vom modernen Verbraucherschutz geadelt. Schulkinder bekommen seit einiger Zeit, von Länderregierungen unterstützt, in so genannten „Bio-Boxen" verschrumpelte Ökokarotten und geschmacksneutrale Kekse zur Einschulung mit auf den Lebensweg, um das Bewusstsein für angeblich „gesunde Ernährung" zu schärfen. Ernährungsphysiologisch wertvolles Obst und Gemüse von Großanbauern steht hingegen unter dem Generalverdacht der latenten Volksvergiftung. Ausgelobt und staatlich gefördert werden auch wirkungslose Homöopathiepillchen, während hochwirksame Produkte von Pharmakonzernen mit wachsenden Imageproblemen zu kämpfen haben. Entsprechend sitzen heute selbsternannte „Experten" von Protestorganisationen ohne fundiertes Wissen, aber nicht selten von sektiererischem Aberglauben motiviert, in den Fachgremien der Parlamente und in Bundesämtern, während international renommierte Forscher um ihr Ansehen bangen müssen, wenn sie ihnen widersprechen.

Hauptsache ist, dass neue Waren und Dienstleitungen den skizzierten Wertvorstellungen genügen: nachhaltige Produktion, ökologische Unschädlichkeit und soziale Verträglichkeit lauten die Schlagwörter, die dann nach Belieben mit passendem Inhalt versehen werden. Die Industrie hat sich darauf eingestellt und bewirbt heute ihre Erzeugnisse mit den gleichen Phrasen – nicht selten beraten von Kommunikationsagenturen, die ebenfalls der „politischen Korrektheit" Vorrang vor aufgeklärten wissenschaftlichen und wirtschaftlichen Grundsätzen geben.

Folglich werden die Verbraucher heute nicht nur vor Gammelfleisch oder schrottigen Schraubenziehern geschützt, sondern gleichzeitig indoktriniert. Der Verbraucherschutz ist zur Volkspädagogik mutiert, in der Irrationalismen und dezidierte Wissenschaftsfeindlichkeit zum guten Ton gehören. Ein und derselbe Pflanzenschutzwirkstoff (das Protein eines Bodenbakteriums) gilt da als nachhaltig und toll, wenn er von einem Ökobauern über Pflanzenkeimlinge gegossen wird, aber als giftig und schreckenerregend, wenn er sich im pflanzlichen Stoffwechsel mittels moderner Gentechnik in feinster Dosierung bildet.

Diese „moderne Verbraucherschutzpolitik" dreht sich immer mehr um Gefühltes und weniger um klassische Aufgaben wie die messbare Besserstellung der Konsumenten in der Interaktion mit anderen Marktakteuren. Das zeigt sich nicht zuletzt daran, dass sich an einigen früher noch monierten „Ungerechtigkeiten" und Missständen, die es in einer freiheitlich organisierten Gesellschaft samt ihrer schwarzen Schafe immer geben wird, auch seit Gründung des deutschen Verbraucherschutzministeriums 2001 nichts geändert hat. Internationale Studien weisen darauf hin, dass Deutschland, was den traditionellen Konsumentenschutz betrifft, in einigen Bereichen anderen Ländern trotz der Gründung des Verbraucherschutzministeriums immer noch hinterherhinkt. So gelten beispielsweise die hiesigen Möglichkeiten für außergerichtliche Streitschlichtungsverfahren als unterentwickelt.

Die aktuelle Verbraucherschutzpolitik hat aber immer weniger mit solchen und anderen realen Problemen zu tun. Sie ist aus politischen Gründen zu einem wesentlichen Betätigungsfeld der politischen Klasse geworden. Nicht nur hierzulande. Auch bei unseren europäischen Nachbarn und (vor allem) in der EU-Bürokratie erfreut sich dieser Politiktyp größter Beliebtheit. Es gibt deshalb kaum mehr ein Thema ohne immerzu neue „Schutzaspekte". Der gesellschaftliche Alltag mitsamt seiner banalen Tätigkeiten, über die man früher keine Sekunde nachgedacht hätte, ist im Zuge dieser ausufernden „Schutzitis" umdefiniert worden als per se risikobehaftet. Schulweg, Erziehung, Urlaub, Arbeitsplatz, Toilettengang, Nahrungsaufnahme, Sport oder Vereinstätigkeit. Selbst die Orte, an denen Menschen früher bewusst nur informelle und damit unabhängige Übereinkünfte trafen, um das soziale Miteinander in Eigenregie organisieren zu können, werden heute zusehends unter einem Protektionsaspekt durchreguliert, um vermeintlichen Schaden abzuwenden.

Die Familienplanung und das Familienleben erfreuen sich einer ungekannten Kontrolle und Steuerung durch staatliche und quasi-staatliche Instanzen. Bei der Gründung von Vereinen stehen neuerdings auch datenschutzrechtliche Aspekte im Zentrum der Aufmerksamkeit, um den potenziellen Missbrauch von früher bedenkenlos verteilten Telefonlisten der Mitglieder auszuschließen. Erzieher, Trainer und Lehrer sind gut beraten, sich genaustens abzusichern, was sie mit ihren Schützlingen tun und lassen dürfen. Eltern sollten heute besser fragen, ob sie beim Schwimmwettkampf der Kleinen fotografieren dürfen. Unternehmen in der Energie- und in anderen Produktionsbrachen werden gegängelt wie selten zuvor. Firmenleitungen sind Dank neuer Antidiskriminierungsrichtlinien und -gesetze in den Schwitzkasten genommen worden, um die Belange von neuen Schutzbefohlenen vorauseilend zu berücksichtigen. Gegenseitiges Misstrauen, reglementierte Kontrolle, Sanktionsdrohungen und Vorsichtsdenken bestimmen und erdrücken das soziale wie das politische Leben – und zunehmend auch die Privatsphäre.

Diese allseitige Lähmung wird von offizieller Seite trotzdem noch immer gerne als klug, innovativ und vorausschauend oder zumindest als dringend notwendig präsentiert, um in der modernen „Risikogesellschaft", in der wir heute angeblich alle zu überleben versuchen, bestehen zu können. Doch hinter dieser post-modernen Schönwetter-Rhetorik, die langsam Risse bekommt, zeigt sich immer wieder das gleiche Muster, ein stark reduziertes Menschenbild: der Bürger wirkt im heutigen Zeitalter als von allerlei unübersichtlichen Gefahren umgeben und in diesem Wirrwarr als viel zu schwach, um im Kleinen wie im Großen mit den Herausforderungen des Lebens umgehen zu können. Deshalb benötigt er seelisch-moralische Ansprachen wie am Verbrauchertag im Juli 2007. Mit solchen Veranstaltungen soll ihm offenbar Mut eingeflößt, die Seele getätschelt und mit therapeutischem Pathos signalisiert werden, dass man in den Schrecken der riskanten Neuzeit nicht alleingelassen wird. Hinzu gesellt sich sogleich die starke führende Hand – ein neues Gesetz, eine neue Richtlinie zum Schutze vor Vergiftung, Not oder anderem Wildwuchs. Geradezu fürsorglich und partnerschaftlich wirbt die pervertierte Verbraucherschutzpolitik darum, sich dafür einsetzen zu dürfen, dass der Bürger sein um allerlei Qualitäten reduziertes Leben zwar etwas freudlos, aber dafür möglichst unbeschadet zu Ende bringen kann.

Diesem Muster folgen seit 2001 die deutschen Innenminister, der ihre teils militanten Vorstöße zur Errichtung eines Überwachungsstaats auf Kosten unserer Freiheitsrechte mahnend bis flehend damit zu begründen versuchen, dass der internationale Terrorismus an jeder Ecke lauert. Diesem Muster folgen vor allem auch die deutschen Umweltschutzminister, der wegen unspektakulärer Trafobrände oder anderer kleinerer Pannen in Atomkraftwerken regelmäßig nationale Krisensituationen heraufbeschwören, den Ausstieg aus der Atomkraft propagieren und sich wahlweise die Rettung vor dem Artensterben oder dem Klimakollaps auf die Fahnen schreiben. Diesem Muster folgen letztlich auch die deutschen Verbraucherschutzminister, die danach trachten, den Bürger vor den Folgen der modernen Pflanzenbiotechnologie und anderem wissenschaftlichen Fortschritt fern zu halten.

Selbst Bundespräsident Horst Köhler ergriff während des Verbrauchertags in Berlin das Wort für den reduzierten Menschen, der heute angeblich „ratlos vor dem Supermarktregal" umherirre. Niemand kam auf die Idee, diese Metapher mit der Wirklichkeit abzugleichen. Ratlos vor randvollen Supermarktregalen standen weder unsere Mütter, und schon gar nicht unsere Großmütter – und wenn doch, dann mangels ausreichend gefüllter Portemonnaies. Auch aktuell zeigen die Bürger des Landes ein eher unauffälliges Konsumverhalten im Discounter. Dennoch ist Köhlers Bild hilfreich: Vor der Erfindung der Verbraucherschutzpolitik griff fast jeder Mensch zielstrebig in die Regale, ohne einen Gedanken darüber zu verlieren, ob die feilgebotene Ware mög- licherweise zum frühzeitigen Ableben führen könnte. Es gab ein berechtigtes und mit der Realität übereinstimmendes Vertrauen in die Lebensmittelindustrie und in die Über- wachungsbehörden, das selbst durch so manchen Miss- stand und Machenschaften vereinzelter Übeltäter nicht er- schüttert werden konnte.

Heute gibt es diesen Konsens nicht mehr. Seit der Neube- gründung des Verbraucherschutzes als politisches Leitthe- ma lebt der Bürger in der Tat zusehends in Verwirrung und Angst und Schrecken, obwohl unser Essen auch in den letz- ten Jahren immer besser wurde. Ganz offensichtlich bewirkt die moderne Verbraucherschutzpolitik das Gegenteil von dem, was sie vorgibt. Sie stärkt nicht das Selbstbewusst- sein der Bürger und das gegenseitige Vertrauen für ein ge- meinschaftliches Vorankommen. Sie verunsichert und de- moralisiert vielmehr alle an der Kette der gesellschaftlichen Wertschöpfung Beteiligten. Das Vertrauen der Bürger in die Integrität von Forschern, Produzenten und Überwachsungs- behörden ist seit 2001 drastisch gesunken. Dies bedeutet einen gravierenden Rückschritt, weil eine vernünftige und bewährte gesellschaftliche Arbeitsteilung nachhaltig und grundlos ausgehöhlt wurde.

Bestärkt wird das neue Unwohlsein der Bürger mit politi- schen Appellen, der „mündige Verbraucher" solle doch bit- te Verantwortung für die Qualität seiner Nahrungsauswahl übernehmen, indem er Verpackungsbeilagen und Aufdrucke studiere. Gegen sinnvolle Labels, aus denen sich ein messbarer Nutzen ableiten lässt, ist nichts einzuwenden. Doch dies ist längst nicht mehr das vorherrschende Ziel. Mittlerweile werden auch weltanschaulich oder religiös angedichtete „Charakterzüge" von Produkten ausgewiesen. So kann es sein, dass im Supermarktregal zwei biochemisch identische Speiseöle nebeneinander stehen, das eine mit einem „lobenden" Öko-, das andere mit einem „warnenden" Gentechnik-Siegel. Verbrauchernutzen fernab metaphysischer Ebenen ergibt sich hieraus nicht. Wohl aber wird das Alltagsleben der Bürger seltsam konditioniert und erschwert. Die Politik hält derlei Kritik gerne entgegen, sie würde doch nur den populären Forderungen nach mehr „Wahlfreiheit" nachgehen – so als müsste sie jede Forderung aufgreifen, statt sich bei der Kennzeichnung von Lebensmitteln und bei anderer Zeitfragen in selbstbewusst aufklärerischer Tradition einfach nur für vernünftige und wissensbasierte Standards einzusetzen und für ihre Umsetzung zu kämpfen.

An den von Köhler geäußerten Gedanken über in Discountern umherirrende Verbraucher zeigt sich nicht zuletzt, wie fremd der politischen Klasse das Wahlvolk geworden ist. Solche Bilder sind ein Gradmesser dafür, wie tiefgehend sich das Verhältnis zwischen politischer Klasse und Bürger gewandelt hat. Der einzelne Mensch, der heute offenbar nicht einmal mehr weiß, wie er seinen Einkaufswagen bestücken soll, wird quasi in die therapeutische Obhut des modernen Verbraucherschutzes genommen, der ihm fortan Ratschläge für die „korrekten" Warenkörbe liefert.

Abstrahiert man dies, so erscheinen Politiker nicht mehr länger als gewählte Repräsentanten der Bürger, die ihr Kreuz bei einer Partei gemacht haben, bei der sie ihre individuellen wie die favorisierten gesellschaftlichen Ziele am ehesten beheimatet sehen. Der Bürger erscheint nicht mehr als mündiges Subjekt, das einen politischen Wahlauftrag erteilt hat und damit die Geschicke des Gemeinwesens per Parlamentsvertretung demokratisch zu lenken versucht. Stattdessen hat sich ein Abhängigkeitsverhältnis wie zwischen Arzt und Patient oder Erwachsenem und Kind gefestigt. Diese Therapeutisierung oder Infantilisierung sowie die einhergehende Auflösung demokratischer Prozesse gilt Vielen fatalerweise dennoch als emanzipatorischer Fortschritt.

Der Konsument habe heute mehr Macht, er sei „empowered", heißt es hierzu. Ein „mündiger Verbraucher" kann heute in der Tat bei allen möglichen harmlosen Fragen wie der Bestückung von Supermarktregalen oder dem Ausbau von Fahrradwegen seine persönlichen Präferenzen äußern. Und er kann solche Entscheidungen vielleicht sogar leichter als früher beeinflussen. Die Politik ermutigt ihn immerzu, an solchen und anderen Stellen aktiv zu werden und sich zu für den Verbraucher-, Umwelt-, Kinder- oder Familienschutz zu engagieren. Der Bürger und seine gewählten Vertreter erscheinen so schon fast auf Augenhöhe.

Doch mit politischer Führung, die sich von subjektiven Einstellungen einzelner Individuen und Gruppen zu lösen vermag, um die Gesellschaft als Ganzes verantwortungsvoll im Auge zu behalten und auf eine bessere Zukunft für das Gemeinwesen hinzuarbeiten, hat dieses Treiben kaum mehr zu tun. Die aktuelle Politik verweigert vielmehr die Verantwortung, driftet je nach Stimmung und Meinungsbarometer in die eine oder andere Richtung und kapriziert sich immer mehr auf symbolische Gesten, die binnen Tagen oder Wochen verpuffen. Oft bleibt unterm Strich nur noch der Eindruck eines hinterwäldlerischen Stammtischpopulismus. Fast jedem „Engagierten" wird bereitwillig die Hand gereicht, sofern er im Rahmen des abgesteckten Terrains niedrigster Zukunftserwartungen bleibt. Diese Abwärtsspirale dreht sich munter weiter. Und in der Folge hat sich längst auch eine ganze Angstindustrie in Form von NROs herausgebildet, die nicht um Wählerstimmen, sondern um moralische Anerkennung und Spendengelder der verunsicherten Bürger buhlen.

Solche Organisationen graben nicht nur der Politik das Wasser ab, sie sind auch ein Problem für spendenabhängige Vereine, die sich um wirkliche Notlagen in Krisensituationen kümmern. Die Armada der „Öko-NROs" ist durch niemand und nichts demokratisch legitimiert, in persona oft nur „two men and a dog", aber dem hehren Anspruch, die gesamte Menschheit („die Verbraucher") zu vertreten. Diese Gruppen festigen populäre Risikofantasien in der Gesellschaft. Einige dieser Vereine sind zu prominenten Stichwortgebern der offiziellen Politik geworden. Sie haben dazu beigetragen, dass heutzutage schon politische Manöver angeschoben werden, wenn eine Hand voll esoterisch angehauchter Imker meint, dass Bienen von transgenem Maispollen seelischen Schaden davon tragen könnten. Und diese Protestgruppen dürfen mit erpresserischen Methoden und mitunter jenseits der Legalität Unternehmen und Wissenschaftler attackieren und denunzieren, ohne dafür von offizieller Seite offen kritisiert und zur Rechenschaft gezogen zu werden – indem man ihnen beispielsweise den durch Steuergelder subventionierten Gemeinnützigkeitsstatus entzieht. Stattdessen zeigt sich die Politik heute gerne Arm in Arm mit den modernen „Öko-Rebellen" und nutzt die von ihnen erdachten Angstszenarien nicht selten bewusst, um sich im Anschluss als umso energischerer Verfechter des politischen Verbraucherschutzes profilieren zu können. Der einzigartige politische Eiertanz Deutschlands um die Grüne Gentechnik, die Energieversorgung samt Kernkraft und Endlagerung radioaktiver Abfälle sind beispielhaft hierfür.

Von Innen betrachtet mögen einem diese Inszenierungen manchmal wie von weltmännischer Weitsicht regiert erscheinen, um die großen „Gattungsfragen" lösen zu können. Doch wer die intellektuellen oder territorialen Grenzen Deutschlands überschreitet und betrachtet, was an anderen dynamischen Orten der Welt so alles los ist, dem droht alsbald die Einsicht, dass hierzulande mittlerweile engstirniger und mitunter dumpfer Provinzialismus rituell hochgekocht und abgefeiert wird – fast so, als habe sich am deutschen „Gemüt" seit der Naturromantik des ausgehenden 19. Jahrhunderts nichts wesentliches geändert.

Die Auflösung demokratischer Prozesse, nach denen der Bürger per Wahlentscheidung mit dem Ziel seiner Umsetzung einen kollektiven Willen artikuliert, welcher sich zuvor in einem von Parteien mitgestalteten Entscheidungsfindungsprozess herausbildet, zeigt sich auch an den immer enger gesteckten Wahloptionen, die sich dem „mündigen Verbraucher" eröffnen. In einer parlamentarischen Demokratie sollte es progressiven Parteien darum gehen, den Bürger programmatisch anzusprechen, wie die anhaltende Fortentwicklung der Menschheit auf der Erde am besten zu gestalten ist. Heute werden allerdings überhaupt keine Zukunftsvisionen oder Alternativen mehr angeboten. Die Parteien konkurrieren stattdessen munter um die besten Konzepte für Krisenmanagement und Risikovorsorge. Sie sind im Hier und Jetzt verhaftet. Und so ist heute auch immer weniger vom Konzept des aktiven mündigen Bürgers, aber umso mehr von der passiven Idee des Verbrauchers die Rede. Ihm bleibt schließlich nur noch die hochstilisierte Wahl, sich für das eine oder andere Wasch- oder Lebensmittel mit diesem oder jenem Label oder ein Auto mit Biodiesel oder Superbenzin zu entscheiden.

Die Idee des „Empowerment" durch die Verbraucherschutzpolitik ist eine Fiktion. Wenn überhaupt jemand durch das hierdurch verkörperte Menschenbild gestärkt wird, dann sind es visionslose Eliten, die mit einem neuen morbiden Politikstil kurzfristig moralische Betroffenheit generieren können, um sich anschließend in fürsorglichem Aktionismus sonnen zu dürfen. Und es profitieren um die politische Klasse wuchernde NROs, die in Punkto Risikoobsession und Gefahrenabwehr meistens noch eins draufsatteln. Diese Vereine haben in aller Regel überhaupt keine Bodenhaftung und sind dennoch heimliche Profiteure der beschriebenen Trends. Sie leben in einem parasitären Verhältnis zum misanthropischen Zeitgeist, der von der offiziellen Politik gehegt wird, und treiben ihn noch weiter in Richtung Apokalypse. Wenn die Politik zum x-ten Mal wider besseres Wissen die Zulassung transgener Nutzpflanzen torpediert, dann fordern Protestorganisationen eben ein weltweites Verbot oder die Rückkehr zur „ökologischen" Subsistenzwirtschaft. Intellektuell haben solche Vereine nichts zu bieten, doch sie brauchen im beschriebenen Umfeld auch keine Spur von Argumentationslogik oder Wissenschaftlichkeit bei ihrer Kampagnenarbeit, denn sie verkörpern nur den offiziell gepflegten Missmut in schonungsloserer Radikalität und sind deshalb fast automatisch in der Lage, die Bürger gefühlsmäßig zu erreichen.

Wenn man den wachsenden Einfluss solcher NROs betrachtet, so kann man, gerade als Wissenschaftler, sicher sehr schnell viele graue Haare kriegen.* Doch um es auf den Punkt zu bringen: der Fisch stinkt vom Kopf her. NROs sind nicht das Kernproblem, und auch nicht die Medien, die ihnen leider viel zu oft und unkritisch Foren bieten. NROs sind vielmehr seit jeher wichtiger Bestandteil einer demokratischen Öffentlichkeit, die der Meinungsfreiheit einen hohen Wert beimisst. NROs artikulieren vollkommen zu Recht Partikularinteressen, mögen sie noch so weltfremd und borniert sein.

Für ihren jüngsten Autoritätszuwachs können sie selbst nichts. Sie haben keine selbst kreierte Eigendynamik, ihre „Theorien" sind fahl und zumeist einfältig und konspirativ, bestenfalls sind sie erstklassige Kommunikationsprofis. Ihre wachsende moralische Autorität in der Gesellschaft ist lediglich ein Spiegelbild der von den etablierten Eliten betriebenen Demontage und Preisgabe der politischen Kultur.

Mit dem Regierungswechsel im Herbst 2005 von Rot-Grün nach Schwarz-Rot hat sich diese Ausrichtung der Politik entgegen aller Wahlversprechen nur noch gefestigt. Horst Seehofer kopiert seither die grüne Renate Künast, Sigmund Gabriel überbietet den grünen Jürgen Trittin, Wolfgang Schäuble folgt den Spuren des ex-grünen Otto Schily. Angela Merkel lässt ihr Kabinett gewähren, umgarnt die Klimaapokalyptiker und – natürlich – den „mündigen Verbraucher", dem sie keine zukunftsweisende Politik mehr bietet, wie es Gerhard Schröder zumindest anfangs und verbal versuchte. Mehr als ein bisschen Orientierungshilfe im Supermarkt, halbherzige Reformpakete sowie neue Regularien und Hotlines zur Bewältigung des Alltags kann der Bürger heute kaum mehr erwarten.

Großspurig wurde mit einem Beschluss des neuen Kabinetts am 22. November 2005 das Bundesministerium für Verbraucherschutz, Ernährung und Landwirtschaft (BMVEL) zum Bundesministerium für Ernährung, Landwirtschaft und Verbraucherschutz (BMELV) umbenannt. Damit sollte ein Signal für mehr Nüchternheit und Wissenschaftlichkeit zumindest in der Ausgestaltung der klassischen Sachthemen Agrarpolitik und Lebensmittelversorgung gesetzt werden. Doch bei dieser leeren Symbolik blieb es. Besserung ist nicht in Sicht – zumindest nicht auf der offiziellen politischen Ebene.

* Weiterführende Artikel von Thomas Deichmann zu NRO-Kampagnen, nachzulesen in Novo (www.novo-magazin.de):

Deichmann, Thomas: „Schattenboxen um transgenen Raps. Der kanadische Landwirt Percy Schmeiser tourt als neue Galionsfigur der Gentech-Gegner um den Globus", in: Novo Magazin, Nr.58, 5-6 2002.

Deichmann, Thomas & Langelüddeke, Peter: „Was Konsumenten wollen müssen. Wahlfreiheit à la Greenpeace hat weder mit Wahl noch mit Freiheit zu tun", in: Novo Magazin, Nr.71, 7-8 2004.

Deichmann, Thomas & Fischer, Calista: „Deutsche Aussteigerideologie für die Schweiz. Die institutionalisierte Ökoberater-Industrie aus Deutschland genießt eine schier unanfechtbare Autorität", in: Novo Magazin, Nr. 69, 3-4 2004.

Deichmann, Thomas: „Frische Milch in alten Schläuchen. Greenpeace und der Einkaufsratgeber für gentechnikfreien Genuss", in: Novo Magazin, Nr.75, 3-4 2005.

Deichmann, Thomas: „Die Geister, die Campina rief. Wie es Gentechnikgegner schaffen, ihre Kontrahenten weich zu kochen", in: Novo Magazin, Nr. 84, 9-10 2006.

Deichmann, Thomas: „Greenpeace und die Gemeinnützigkeit. Welchen Nutzen zieht die Gesellschaft aus dem Engagement der Regenbogenkrieger?", in: Novo Magazin, Nr. 88, 5-6 2006.

Deichmann, Thomas: „Vor Greenpeace in die Knie? Wie der Verein Lidl und anderen Großunternehmen ,soziale Verantwortung' abringt, in: Novo Magazin, Nr. 89, 7-8 2007.

Deichmann, Thomas: „Wissenschaftsresistente Öko-Berater. Wäre die physikalische Schwerkraft beim Sicherheitsnachweis transgener Pflanzen von Belang, würde vom Freiburger Verein „Öko-Institut" vermutlich selbst diese in Frage gestellt", in: Novo Magazin, Nr. 89, 7-8 2007.

Kai Rogusch

Das Allgemeine Gleichbehandlungsgesetz: Eine antidemokratische Entmündigung im Gewande „multikultureller Vielfalt"

Über die Institutionalisierung „gleicher" Unfreiheit aller Bürger durch das AGG

Zwei Jahre sind nun schon ins Land gegangen, in denen das berüchtigte Allgemeine Gleichbehandlungsgesetz (AGG) existiert. Als noch zu Zeiten der Kanzlerschaft Gerhard Schröders rot-grüne Rechtspolitiker das damals noch so genannte Antidiskriminierungsgesetz (ADG) in den Bundestag einbrachten, sorgte dies für einen „Aufschrei" in der bürgerlichen Opposition und in Wirtschaftsverbänden: Von der Schaffung einer „monströsen Bürokratie" war schnell die Rede. Die FAZ sprach gar von einem „jakobinischen Tugendterror", der die Etablierung eines neuen Totalitarismus begleite.

Derartige Vermutungen, wonach das ADG eine Art „Kultur-revolution" bewirken solle, bekamen Auftrieb, weil rot-grüne Rechtspolitiker von Anfang an ausdrücklich propagierten, eine *Kultur der Antidiskriminierung* etablieren zu wollen. Vorrangi-ges Ziel war, so schon der damalige Gesetzesentwurf, der „Schutz von Minderheiten": Behinderte sollten von nun an nicht mehr aus Restaurants verbannt werden dürfen. Homo-sexuelle lassen sich nicht mehr aus Diskotheken verweisen. Kredite für Ältere bleiben, da man sie nun nicht mehr kündi-gen kann, weiter bestehen; und auch wer Frauen höhere Versicherungsprämien aufzwingen wolle, bekäme es nun mit den ADG zu tun.

Laut Grünenpolitiker Volker Beck, einem der damals feder-führenden Autoren des Gesetzestextes, sollte das ADG als ein „Signal für die Herabwürdigung von Menschen" wirken, „weil sie anders sind". Es gehe um die Stärkung von Grund-rechten der Minderheiten: sie sollten stärker am gesell-schaftlichen Leben teilhaben. Denn nunmehr sei nicht mehr bloß der Staat an den Gleichheitssatz aus Artikel 3 des Grundgesetzes gebunden; auch ein Restaurantbesitzer könne nun einen Gast nicht mehr aus „sachfremden" Grün-den wie etwa einer Behinderung oder seiner sexuellen Nei-gungen abweisen. Er könne sich also nicht darauf berufen, er halte Homosexuelle für „widerlich" oder empfände den Anblick unappetitlich, wenn Behinderte in seiner Gaststätte mit ihren Füßen statt mit den Händen äßen.

Prompt erhob sich Protest aus eher konservativen Wirtschaftskreisen. Sie brachten die Bedeutung der grundgesetzlich verbürgten Berufs- und Wirtschaftsfreiheit gegen das ADG in Stellung: Einen Einzelhändler etwa seien solche Einschränkungen in der freien Wahl seiner Kunden nicht zuzumuten, hieß es. Immerhin verzögerten die nun folgenden kritischen Diskussionen den Gesetzgebungsprozess und bewirkten eine Verschiebung des ADG auf die durch den außerplanmäßigen Wahlkampf eingeläutete neue Legislaturperiode. Doch das diffuse Unbehagen, das die Antidiskriminierungspolitik von Anfang begleitete, setzte sich auch dann fort, als unter der Ägide der neuen Kanzlerin Angela Merkel (CDU) die Vorgaben der Europäischen Union, die in Form der EU-Antidiskriminierungsrichtlinien auch Deutschland zum Erlass von Vorschriften zur Antidiskriminierung anhielten, „umgesetzt" wurden.

Der Bundestag erließ das ADG nun mit neuem Namen, nämlich dem des „Allgemeinen Gleichbehandlungsgesetzes". Das AGG trat im August 2006 in Kraft. Auch das AGG weckte vor allem im Wirtschaftslager zahlreiche kritische Einwände, war doch gerade Angela Merkel im Wahlkampf mit der Losung „Mehr Freiheit für die Bürger" angetreten. Der Kanzlerin wurde vorgeworfen, sie verrate ihre an den Prinzipien des Wirtschaftsliberalismus orientierten Freiheitsideale. Und in der Tat: Zwar beruft sich auch das AGG auf das wohlklingende Ziel einer „Weiterentwicklung der Grund- und Menschenrechte". Aber unter dem Deckmantel der Etablierung einer neuen „Multikultur" handelt es sich hier tatsächlich um eine der autoritärsten Maßnahmen in der Geschichte der Bundesrepublik Deutschland.

Etablierung einer Obrigkeitskultur

Das Allgemeine Gleichbehandlungsgesetz hat die Etablierung einer anmaßenden Obrigkeitskultur zur Folge. Es unterstellt den Bürgern „tradierte Vorurteile" und „unbewusste Ressentiments", die im Leben von Minderheiten für „alltägliche Unfreiheiten" sorgten. Das AGG stelle die Antwort auf diesen Missstand dar und solle im nahezu gesamten Arbeitsleben Anwendung finden – auch im Zivilrechtsverkehr, der sich im öffentlichen Leben abspielt. Es legt den Wirtschaftsteilnehmern ein umfassendes Verbot von Benachteiligungen auf: Ungleichbehandlungen und „Belästigungen" aufgrund von „Rasse", ethnischer Herkunft, Geschlecht, Religion oder Weltanschauung, sexueller Vorlieben, Alter oder Behinderung sind künftig untersagt. Dieses Diskriminierungsverbot reicht vom Abschluss eines Arbeitsvertrages über die Behandlung von Arbeitnehmern durch ihre Vorgesetzten oder Arbeitskollegen bis zu Vertragsverhandlungen und -abschlüssen im öffentlichen Leben: So darf nun ein Restaurantbesitzer niemanden aus seiner Gaststätte mit dem Argument verweisen, er hielte dessen politischweltanschauliche Ansichten für „schwachsinnig" oder seine vielleicht muslimischen Vorstellungen für „inakzeptabel".

Laut Gesetzestext reicht für die Etablierung einer „Kultur der Antidiskriminierung" der gegen den Staat gerichtete

Gleichbehandlungsgrundsatz nicht aus: So soll künftig auch ein Arbeitgeber, der eine Stelle öffentlich ausschreibt, bei der Einstellung eines neuen Mitarbeiters das Neutralitätsgebot beachten und, wie bereits jetzt im Staatsdienst üblich, nur nach „sachlichen" Gesichtspunkten einstellen. Dies soll nun sogar für den Kleinstunternehmer gelten.

Das Unbehagen in der Wirtschaft ist also verständlich, denn das AGG greift ein Kernprinzip liberal verfasster Volkswirtschaften an: Es richtet die ursprünglich dem Staat geltende Aufforderung, den Grundsatz der Gleichbehandlung zu beachten, nun auch an die im Wirtschaftsleben tätigen Bürger. Auf diese Weise setzt es den Gedanken der wirtschaftlichen „Privatautonomie" außer Kraft: Es erlaubt den Bürgern z.B. bei der Auswahl ihrer Vertragspartner keine „willkürlichen" Entscheidungen mehr.

Folgenlose Kritik

Eine grundlegende und schlüssige Kritik aus Wirtschaftskreisen an dieser Entwicklung existierte jedoch von Anfang an nicht. Natürlich gab es neben den Klagen über die Einschränkung der „Privatautonomie" oder die Schaffung eines übermäßigen bürokratischen Aufwands auch Verweise auf den generell freiheitsfeindlichen Charakter der Vorschrift. Dennoch erschienen diese Entgegnungen eher Rückzugsreflexe wirtschaftsliberalen Erbes zu sein. Ernst zu nehmen war die „Kritik" aus Wirtschaftskreisen an der Antidiskriminierungspolitik schon allein deswegen nicht, weil die dort erhobene Forderung, die EU-Antidiskriminierungsrichtlinien nur „eins zu eins" umzusetzen, einer (zumindest resignativen) Akzeptanz aller wesentlichen Inhalte des AGG und damit auch seiner undemokratischen Genese gleichkommt. Die vier EU-Richtlinien, die den nationalen Parlamenten verbindliche Vorgaben diktierten, enthalten nämlich alle berüchtigten Kernelemente des AGG: Für das Arbeitsleben ist EU-weit der umfassende Katalog an „zu schützenden" Minderheiten enthalten. Das Gleiche gilt für die umstrittene Beweislastverlagerung oder das Verbot der „Belästigung" von Minderheiten; auch die so genannten Antidiskriminierungsverbände sollen, im Zusammenspiel mit national agierenden Antidiskriminierungsstellen, eine „Kultur der Antidiskriminierung" schaffen.

Hieran wird deutlich, wie wenig Substanz der „Aufschrei" ob einer übermäßigen Bürokratisierung des Wirtschaftslebens schon von Anfang an hatte und wie wenig hinter der Klage über die Oktroyierung einer „linken Leitkultur" oder dergleichen hatte. Bezeichnend war vielmehr die phänomenale Bereitschaft, sich den eigenen Diskussionsspielraum durch EU-Richtlinien vorgeben zu lassen. Man akzeptierte die komplette entmündigende Stoßrichtung des AGG – von seiner Entstehung auf EU-Ebene über seine nationalstaatliche Umsetzung bis hin zu seiner überaus entmündigenden Wirkung auf die zwischenmenschlichen Beziehungen der Bürger. Da niemand auch nur auf die Idee kam, eine von der EU geforderte Einführung des AGG zu verweigern, wird es nun zu recht „ungemütlichen" Verhältnissen kommen: Immer mehr „Entscheidungen" werden von Kriterien abhängig gemacht werden, die von äußeren, „objektiven" Stellen gesetzt werden, und es bleibt nur wenig Raum für subjektive Entscheidungen. Gegen diesen Trend der Aufhebung subjektiver Entscheidungsfreiheit stellt sich auch weiterhin keine ernst zu nehmende politische Kraft, und auch die Medien nehmen die Verscherbelung des demokratischen Rechtsstaates mehr oder minder kommentarlos hin. Es verblüfft die Sprachlosigkeit unserer Gesellschaft. Nicht zuletzt in Form des Allgemeinen Gleichbehandlungsgesetzes verabschieden wir uns von zentralen Errungenschaften der Aufklärung.

Abkehr vom demokratischen Menschenbild der Aufklärung

Das Allgemeine Gleichbehandlungsgesetz soll, so geben seine Protagonisten vor, eine „Weiterentwicklung der Grund- und Menschenrechte" bewirken. Schaut man sich aber die Antidiskriminierungspolitik genauer an, so stellt man fest, dass sie mitnichten auf die Ermöglichung demokratischer „Teilhabe" freier Weltbürger hinausläuft. Im Gegenteil: Das AGG bedeutet vielmehr die juristische Zementierung eines, gemessen an früheren Idealen der Aufklärung, deutlich geschwächten Menschenbildes. Die Abkehr vom demokratischen Menschenbild der Aufklärung ist weit fortgeschritten: Denn auch die meisten „Kritiker" des AGG akzeptieren die Preisgabe des demokratischen Rechtsstaates auf europäischer Ebene. Hier hat sich schon längst eine

Rechtsetzungsprozedur etabliert, in der nationale und supranationale Exekutiven dominieren. Auf diese Weise wird der für freiheitliche Demokratien unerlässliche Grundsatz der Gewaltenteilung unterlaufen. Im Ergebnis läuft dies auf eine Auflösung der Rechenschaftspflicht europäischer Eliten gegenüber den Bürgern hinaus. Gerade am Beispiel des AGG, das seinen Ursprung in der Europäischen Union hat, kann man erkennen, wie sich der auf EU-weiter Rechtsetzungsebene etablierte Autoritarismus in Form des AGG auf unsere gesellschaftliche Ebene ausbreitet.

So wird einhellig gebilligt, dass die EU-Kommission, die das alleinige Initiativrecht für europaweite Rechtsakte hat, den Grundsatz der Gewaltenteilung unterläuft. Hier kehrt sich die Rechenschaftspflicht der Eliten gegenüber dem Volk um. Es entstehen EU-Richtlinien, die den nationalen Parlamenten unter Androhung von Strafzahlungen den Erlass von Gesetzen vorschreiben. Der auf EU-Ebene etablierte Autoritarismus setzt sich auf gesellschaftlicher Ebene fort. Denn zum einen ordnet das von der EU geforderte AGG eine Beweislastverlagerung zu Lasten einer Person an, die sich der „Diskriminierung" von Minderheiten „verdächtig" macht. Andererseits führt das AGG konturlose Rechtsbegriffe in die juristische Praxis ein, die auf die Etablierung eines deutlich geschwächten Menschenbildes hinauslaufen. Auf diese Weise schwellen die Kompetenzen eines ausufernden „Schutzstaates" an, der seine Aufgabe darin sieht, einander misstrauische Bürger vor alltäglichen Behelligungen abzuschirmen.

Aushöhlung der Unschuldsvermutung

Im Ergebnis wird die durch die EU forcierte „Weiterentwicklung der Grund- und Menschenrechte" eines der wichtigsten Kernelemente freiheitlicher Demokratien, das Prinzip der Unschuldsvermutung, konzeptionell aushöhlen. Denn wer sich aufgrund „verbotener" Beweggründe benachteiligt oder „belästigt" fühlt, dem steht nun ein „erfolgversprechender" Klageweg offen – er muss vor Gericht nur die überwiegende Wahrscheinlichkeit des Vorliegens einer „Diskriminierung" glaubhaft machen. Ein verklagter Gastwirt etwa müsste sodann beweisen, den unerwünschten Gast aus keinem der „verbotenen" Gründe aus seinem Wirtshaus verwiesen zu haben.

Tendenziell befördert das AGG auf diese Weise den Einzug einer (wenngleich natürlich sehr abgeschwächten) Form mittelalterlich anmutender Hexenprozesse in die juristische Praxis. Hier reicht der bloße Hinweis des verklagten Gastwirtes, ihm sei der Gast einfach nur „unsympathisch" gewesen, bei weitem nicht. Fordert er eine Gruppe von 18-jährigen Türken mit der schlichten Begründung, sie seien ihm noch „zu jung", auf, die Kneipe zu verlassen, so „diskriminiert" er nach neuer Rechtsprechung die Jugendlichen sicher wegen ihres Alters, aber „vermutlich" auch noch wegen ihrer „Rasse" oder ethnischen Herkunft. Hier müsste er dem Gericht „sachliche" Entscheidungsgesichtspunkte vortragen.

Wer sich als Anbieter von Leistungen einer „verbotenen" Ungleichbehandlung seiner Mitbürger im öffentlichen Wirtschaftsverkehr verdächtig macht, muss also, um rechtlich nicht weiter belangt zu werden, vor Gericht alle seine „erlaubten" Beweggründe für eine Ungleichbehandlung eines (potenziellen) Vertragspartners ausbreiten. Hier zeigt sich also, wie sich die Abkehr von Prinzipien freiheitlicher Demokratien auf der europäischen Ebene auch und gerade in der Aushöhlung des für freiheitliche Rechtstaaten konstitutiven Grundsatzes der Unschuldsvermutung widerspiegelt. Denn das Prinzip der Unschuldsvermutung gilt nicht bloß im engeren Sinne für strafrechtliche Sachverhalte. Vielmehr hat es seinen breiteren philosophischen Sinn überall da, wo es darum geht, das notwendigerweise immer bestehende Obrigkeitsverhältnis zwischen Staat und Bürger, welches in der fortwährenden Möglichkeit des Staates besteht, den Bürger zu gängeln, dadurch abzumildern, dass der Staat einer strengen Beweispflichtigkeit ob der Notwendigkeit von Freiheitseinschränkungen der Bürger unterliegt.

Es ist gerade diese obrigkeitsstaatliche Aushöhlung der Unschuldsvermutung, die Rechtspolitiker aller Couleur auf Politikfeldern aller Art betreiben; diese freiheitsfeindliche Bedeutung versucht man unter dem beschönigenden Rückgriff auf eine vorgebliche „Weiterentwicklung der Grund- und Menschenrechte" oder auch eines „Grundrechts auf Sicherheit" zu kaschieren. Denn schon seit Jahren werden Grundrechte immer weniger als gegen staatliches Eingreifen gerichtete Abwehrrechte verstanden. Die Entwicklung der Denkfigur eines „Grundrechts auf Sicherheit" stammt gerade aus jenen konservativen Kreisen, die anfangs zum Teil heftig gegen das AGG wetterten. Doch Grundrechte werden heute parteiübergreifend als Ansprüche gefährdeter Bürger auf staatlichen Schutz vor unwägbaren Risiken verstanden und der Staat weniger als freiheitsgefährdender Leviathan denn als „Sozialsicherheitsdienst" betrachtet.

Vor diesem Hintergrund warnen Bürgerrechtler ja oft zu Recht vor einer schleichenden Kompetenzausweitung zugunsten eines repressiven Staates – um andererseits aber ihrerseits seit Jahren ein gegen den privaten Bürger gerichtetes Allgemeines Gleichbehandlungsgesetz oder Antidiskriminierungsgesetz zu fordern. Dabei ist das AGG die bislang radikalste Umsetzung des Gedankens einer staatlichen „Schutzpflicht".

Entmündigung der Bürger

Begleitend zu der konzeptionellen Aushöhlung der Unschuldsvermutung gesellt sich die Etablierung eines deutlich geschwächten Subjektbegriffs, welcher die offiziell untermauerte „Schutzbedürftigkeit" der Menschen weiter unterfüttert. Sichtbar wird dies an einem Kernanliegen des AGG: dem „Schutz" vor alltäglichen „Belästigungen". Beispielsweise wird nun Unternehmern die Rechtspflicht auferlegt, in ihren Betrieben für ein „diskriminierungsfreies" Arbeitsklima zu sorgen und organisatorische Vorkehrungen dafür zu treffen, dass sich die Mitarbeiter einander nicht „belästigen". Kommen sie dieser Pflicht nicht nach, trifft sie selbst der Vorwurf der „Diskriminierung". Eine solche Bestimmung legt zum einen den Unternehmen bleierne bürokratische Lasten auf. In einer Zeit anhaltender Stagnation in der Wirtschaft trägt schon allein dies dazu bei, neue und dringend benötigte Impulse zur Belebung unserer derzeit lahmenden gesellschaftlichen Entwicklung zu unterbinden.

Erschwert wird dies noch dadurch, dass das AGG auf eine Entmündigung nicht nur des Unternehmers, sondern vor allem seiner Mitarbeiter hinausläuft, denen man die Fähigkeit zur eigenverantwortlichen Bewältigung alltäglicher Konfliktlagen in den Betrieben nicht mehr ohne Weiteres zutraut. Die Haftung des Unternehmers für „belästigende" Untaten der Mitarbeiter läuft letztlich darauf hinaus, dass die Kraft der Arbeiter und Angestellten zur eigenverantwortlichen Selbstorganisation schwindet und durch lehensähnliche Beziehungen abgelöst wird. Die Entmündigung der Mitarbeiter geht so weit, dass sich diskriminiert fühlende „Betroffene" an so genannte „Antidiskriminierungsverbände" wenden können, um ihre „Rechte" durchzusetzen. „Minderheiten" wird hier, so scheint es, der Status von Kindern zugesprochen.

Es bleibt ein Rätsel, warum gerade die Gewerkschaften, die ein vitales Interesse an der Selbstorganisationskraft ihrer Mitglieder haben sollten, sich auf eine derartige obrigkeitsstaatliche Geringschätzung der Fähigkeiten von „Schutzobjekten" einlassen. Zwar wachsen auf den ersten Blick die Möglichkeiten von Gewerkschaften und Betriebsräten, sich aus ihrer Position der Defensive, in die sie in den letzten Jahren gedrängt wurden, mittels der neuen Aufgaben, welche das AGG ihnen einräumt, und den Mitteln, die es ihnen an die Hand gibt, ein wenig hinauszumanövrieren. Letztlich aber untergräbt die Antidiskriminierungspolitik jene Möglichkeiten kollektiver Selbstorganisation, welche die Gewerkschaften einst zu schlagkräftigen und lebensfähigen Organisationen hatten wachsen lassen.

Aus dieser durch das AGG aufgegriffenen und zugleich geförderten Schwächung des Subjektbegriffs lässt sich wiederum erklären, weshalb sich heutzutage zentrale rechtsstaatliche Errungenschaften ohne nennenswerten gesellschaftlichen Widerstand preisgeben lassen. Die Unschuldsvermutung etwa, die bekanntlich gerade auch auf dem Gebiet der Kriminalitätspolitik relativiert wird, macht vor dem Hintergrund, dass sich viele Bürger heute verletzlich fühlen und einander misstrauisch beäugen, weniger Sinn. Hieraus speist sich die gewandelte Bedeutung von „Menschenrechten", die sich vor allem gegen den Mitbürger wenden und auf diese Weise die subjektiven Handlungsfreiheiten der Bürger radikal einschränken.

Die geschwächte Rolle des bürgerlichen Subjekts erklärt aber zugleich auch den obrigkeitsstaatlichen Wandel, der sich vor allem auch auf der formal-politischen Ebene im Verhältnis zwischen Bürgern und Eliten vollzieht. Denn wenn

Menschen nicht einmal bei der Bewältigung ihrer alltäglichen Beschwernisse und „Belästigungen" ohne fremde Hilfe auszukommen scheinen, wirkt auch das Idealbild des demokratischen Bürgers, der sich kompetent an der Erörterung (und vielleicht auch Mitentscheidung) komplexer gesellschaftlicher Weichenstellungen beteiligt, zusehends lebensfremd. Es ist dieser Umstand, der auch die „Auslagerung" wichtiger Bereiche politischer Deliberation und Entscheidung auf Expertengremien und einen verstärkt technokratischen Politikmodus verursacht.

Die Antidiskriminierungspolitik der Europäischen Union ist hierfür ein glasklares Beispiel. Auf der Ebene der EU entstehen rechtliche Vorgaben, deren Genese keiner Kontrolle durch die Bürger unterliegen kann. Auf der gesellschaftlichen Ebene zeigt sich die technokratische Freiheitsfeindlichkeit der EU in der an alle Wirtschaftsteilnehmer gerichteten Forderung, keine „willkürlichen" Beweggründe bezüglich der Auswahl oder Besserbehandlung von Vertragspartnern heranzuziehen. Denn das AGG verlangt „sachliche" Motive, die eine vorgeblich „objektive" Instanz, hier etwa ein Gericht, „überprüfen" kann.

Aufhebung der Gewaltenteilung

Der Demokratieabbau in der Europäischen Union firmiert in der wissenschaftlichen und publizistischen Diskussion längst unter der verharmlosenden Bezeichnung „Demokratiedefizit". Im Mittelpunkt der Kritik steht vor allem der Umstand, dass in der EU-Gesetzgebung solche Organe eine bestimmende Rolle in der Gesetzgebung innehaben, die dem Bereich der Exekutive zuzurechnen sind. Des Weiteren sind der Europäischen Union, vor allem seit dem Vertrag von Maastricht (1992), schrittweise neue Kompetenzen in der Gesetzgebung eingeräumt worden, die nun, deutlich erkennbar an dem aus dem „Verfassungsvertrag" hervorgegangenen, gleichfalls im Ratifikationsprozess stecken gebliebenen Lissabonner Vertrag, in weitere Kernbereiche der Staatlichkeit vordringen.

Anhand der Antidiskriminierungspolitik der Europäischen Union wird deutlich, dass einschneidende Regelungswerke, die ihren Ursprung in der Europäischen Union haben, schon seit etlichen Jahren das Leben der Bürger erheblich bestimmen. Im Wesentlichen handelt es sich bei den fraglichen Vorschriften bislang um vier „Richtlinien" aus den Jahren 2000 bis 2004:

- Richtlinie 2000/43/EG des Rates vom 28. Juni 2000 zur Anwendung des Gleichbehandlungsgrundsatzes ohne Unterschied der Rasse oder der ethnischen Herkunft (ABI. EG Nr. L 188 S. 22) – so genannte Antirassismusrichtlinie;
- Richtlinie 2000/78/EG des Rates vom 27. November 2000 zur Festlegung eines allgemeinen Rahmens für die Verwirklichung der Gleichbehandlung in Beschäftigung und Beruf (ABI. EG Nr. L 303 S. 16) – so genannte Rahmenrichtlinie Beschäftigung;

- Richtlinie 2002/73/EG des Europäischen Parlaments und des Rates zur Änderung der Richtlinie 76/207/EWG des Rates zur Verwirklichung des Grundsatzes der Gleichbehandlung von Männern und Frauen hinsichtlich des Zugangs zur Beschäftigung, zur Berufsbildung und zum beruflichen Aufstieg sowie in Bezug auf die Arbeitsbedingungen (ABl. EG Nr. L 269 S. 15);
- Richtlinie 2004/113/EG des Rates vom 13. Dezember 2004 zur Verwirklichung des Grundsatzes der Gleichbehandlung von Männern und Frauen beim Zugang zu und bei der Versorgung mit Gütern und Dienstleistungen (ABl. Br. L 373 vom 21.12.2004 S. 37-43) – so genannte Gender-Richtlinie.

Diese vier EU-Richtlinien machten den nationalen Parlamenten verbindliche Vorgaben für eine nationalstaatliche „Umsetzung". Sie enthalten alle berüchtigten Kernelemente des AGG. Sie entstanden unter Aufhebung des für freiheitliche Demokratien unerlässlichen Gewaltenteilungsgrundsatzes. Das alleinige Initiativrecht für Rechtsakte auf EU-Ebene liegt bei der EU-Kommission, einer supranationalen Behörde, die zusammen mit dem im jeweiligen Fachgebiet zusammentretenden Ministerrat allgemeinverbindliche Rechtsakte erlässt. Zwar wurde ein geringerer Teil der AGG-Vorgaben auch unter „gleichberechtigter" Mitwirkung des europäischen Parlamentes erlassen. Doch auch ihm fehlt der für einen demokratischen Parlamentarismus zentrale Rang einer mit entsprechenden Kompetenzen ausgestatteten Volksvertretung.

Auf diese Weise wird das grundlegende demokratische Prinzip, demzufolge die Legitimitätskette bei der Setzung grundlegender gesellschaftlicher Weichenstellungen in Form von Gesetzen „von unten nach oben" verlaufen soll, ausgehebelt. Man stelle sich einmal eine ähnliche Struktur in der Gesetzgebungspraxis der Bundesrepublik Deutschland vor: Bundesgesetze würden allein von den im Bundesrat zusammentretenden Landesregierungen erlassen; und auch für den Fall, dass der Bundestag ein gleichberechtigtes „Vetorecht" hätte, läge das alleinige Gesetzesinitiativrecht bei einer eigens noch zu schaffenden „Hohen Unabhängigen Behörde".

Oder man bedenke Folgendes: Der Deutsche Bundestag als das in nationalem Rahmen zentrale gesetzgeberische Organ muss sich zum Abschluss seiner Legislaturperiode einer Wahl durch das ganze Volk stellen. Auf diese Weise besteht die Möglichkeit, dasjenige Organ, das zum Beispiel für die Verabschiedung der „Hartz-Pakete" letztlich verantwortlich ist, für eben jene Umgestaltung des Sozialstaates zur Rechenschaft zu ziehen. Was immer man auch von der „Linkspartei" halten mag: Ihr Erscheinen auf der politischen Bühne verändert die Koordinaten der nationalen Sozialpolitik. Auch die übrigen Parteien müssen ihre zukünftige Arbeitsmarkt- und Sozialpolitik, ob sie es wollen oder nicht, an den „Launen" der auf soziale Empfindsamkeiten ausgerichteten Öffentlichkeit orientieren.

Nichts dergleichen lässt sich vom Rechtsetzungsprozess auf europäischer Ebene sagen. Weder der EU-Ministerrat noch die EU-Kommission müssen sich *als Ganzes* einer direkten Wahl durch ein „europäisches Staatsvolk" stellen. Lediglich die *einzelnen Mitglieder* des EU-Ministerrates sind, wenn auch immer noch recht indirekt, durch die in den nationalstaatlichen Rahmen organisierten Wahlakte legitimiert. Doch in diesen nationalen Wahlen, die innerhalb Europas zu sehr unterschiedlichen Zeitpunkten und in verschiedenen Organisationsprozeduren abgehalten werden, spielt die eigentliche europäische Politik des EU-Ministerrates kaum eine Rolle.

Hinzu kommt, dass auch die Europäische Kommission eine so bedeutsame Rolle im Gesetzgebungsprozess der Europäischen Union hat. Die Kommission ist, als Institution, noch viel „unabhängiger" vom Bürgerwillen als der EU-Ministerrat, hat aber das alleinige Initiativrecht für europäische Rechtsakte inne. Das bedeutet zum einen, dass auch die Antidiskriminierungsrichtlinien der EU oft bis ins kleinste Detail von der Handschrift der Kommissionsbürokratie geprägt sind. Noch wichtiger aber: Jeder Rechtsakt, der einmal auf der Ebene der EU erlassen worden ist, bleibt bestehen. Ohne die EU-Kommission bewegt sich nichts. Auch der Antidiskriminierungspolitik der EU wird daher ein langes Eigenleben beschieden sein.

Umkehrung der Rechenschaftspflicht und Entsubjektivierung

Die Tatsache, dass die supranationale Exekutive nationale Parlamente unter Androhung von Strafen zur Umsetzung der EU-Antidiskriminierungsrichtlinien zwingen konnte, belegt, wie offensiv die Aufhebung des Kernelements der Rechenschaftspflicht der Eliten gegenüber den Regierten heute betrieben werden kann. So gaben beispielsweise CDU-Politiker, denen das AGG die Ungeheuerlichkeit eines „bürokratischen Monstrums" bedeutete, zu, sie hätten sich auch deshalb nicht gegen den „extensiven" AGG-Entwurf aus rot-grünen Zeiten gestellt, weil die Umsetzungsfrist der EU-Richtlinien längst verstrichen sei, Deutschland also von der EU-Kommission auferlegte Strafzahlungen drohten und man deshalb das ganze Umsetzungsverfahren nicht noch weiter verzögern wollte.

Diese entmündigende Stoßrichtung setzt sich in der inhaltlichen Form des AGG fort und wirkt in unsere Gesellschaft hinein: Da jeder, der sich der „willkürlichen" Behandlung seines Gegenübers im Wirtschaftsleben verdächtig macht, aufgrund der Beweislastverlagerung vor dem Arbeits- und Zivilgericht beweisen muss, bei der Ungleichbehandlung lediglich „erlaubte" Beweggründe herangezogen zu haben, setzt sich die Verlagerung der Rechenschaftspflicht – weg von der „Elite" und hin zum Bürger – auch auf der gesellschaftlichen Ebene fort.

Im Zuge dessen etabliert sich eine folgenschwere *Entsubjektivierung* unserer gesellschaftlichen Verhältnisse – als Begleitumstand der vollständigen *Entpolitisierung* auf der politischen Ebene. Die „politische Kritik" angesichts der einschneidenden Bedeutung des AGG sowie seiner Entstehung fiel zutiefst technokratisch und inhaltsleer aus. Es war schon bemerkenswert, wie stark sich die Politik ihren Diskussionsspielraum über das AGG diktieren und beschränken ließ. Man gewann den Eindruck, mit der Forderung, *überhaupt kein AGG* zu erlassen, fast schon zu einem ungebührlichen, „gefährlichen" Rechtsbruch aufzurufen. Man wagte es nicht, die Autorität der EU-Richtlinien *überhaupt* in Frage zu stellen.

In der gesellschaftlichen Praxis droht das AGG, besonders im Arbeitsleben, äußerst inhumane Verhältnisse herbeizuführen. Jeder Arbeitgeber, der in irgendeiner Form den Eindruck erweckt, nicht nach rein „sachlichen" Entscheidungskriterien vorzugehen, macht sich durch das AGG angreifbar. Sollte ein Firmeninhaber unter der Flut von Bewerbungen eine Frau einstellen, die zwar nicht so gute Zeugnisse hat wie viele ihrer Mitbewerber, für die er aber persönliche Sympathien hat, begibt er sich auf ein Minenfeld. Unter den vielen abgelehnten anderen Bewerbern findet sich dann mit einer nicht ganz geringen Wahrscheinlichkeit eine Person, die behauptet, nach zumindest einem der zahlreichen „verbotenen" Kriterien der Ungleichbehandlung benachteiligt worden zu sein. Im Falle einer Diskriminierungsklage reicht dann der Einwand des Firmeninhabers, er habe doch seine Mitarbeiterin aufgrund seiner Sympathie für sie ausgewählt, bei weitem nicht aus. Denn er wird einer verstärkten Gesinnungsprüfung unterzogen, bei der die Sympathie selbst zum analytischen Gegenstand gerichtlicher Ausforschung wird. Er muss vor dem Arbeitsgericht beweisen, dass seine Sympathie aus Elementen besteht, die nichts mit einem der verbotenen Kriterien der Ungleichbehandlung zu tun haben. Er muss darlegen, bei seiner Entscheidung nach „sachlichen" Kriterien vorgegangen zu sein.

Hier zeigt sich in Form der Untergrabung des Prinzips der Unschuldsvermutung, wie sich die Umkehrung der Rechenschaftspflicht auswirkt und zu einer Entsubjektivierung der Arbeitsbeziehungen führt. Dies geht mit einem wachsenden, selbst entmündigenden Verlangen einher, die eigene „Entscheidung" von externen, „objektiven" Stellen abhängig zu machen, die „allgemein anerkannte" Zertifikate und sonstige Referenzen ausstellen. Der immer häufiger zu hörende Rat, künftig verstärkt so genannte „Assessment Center" mit der Auswahl von Bewerbern zu betrauen, passt zu diesem Trend.

Jedenfalls mahnten Unternehmensberater schon vor Inkrafttreten des AGG, Bewerbungsunterlagen künftig sorgfältig zu dokumentieren. Jede Bewerbungsmappe einschließlich aller Notizen über Gespräche, Telefonate und Interviews muss dann aufbewahrt werden. Auch bei Bewerbungsgesprächen sei künftig Vorsicht geboten – vor allem für kleinere Unternehmen, die auch mit freundlichen Plaudereien herausfinden wollen, ob ein Aspirant zu ihnen passt. Solche Gespräche sollten nach Ansicht von rechtskundigen Beratern in Zukunft immer zu zweit geführt werden. Zudem sollten Mitarbeiter der Personalabteilungen ganz genau wissen, was sie fragen dürfen. Schon nett gemeinte persönliche Fragen zur Auflockerung könnten gefährlich sein. Angesichts dieser Veränderungen raten Unternehmensberater auch dazu, Ablehnungen eines Bewerbers auf keinen Fall zu begründen.

Institutionalisierung multikultureller Obrigkeitskultur statt „linker Leitkultur"

Der inhaltliche Protest gegen das Antidiskriminierungsgesetz/Allgemeine Gleichbehandlungsgesetz beschränkte sich in der Regel bloß auf engstirnige Bedenken ob einer künftig drohenden „Prozessflut" oder einer weiteren „Überregulierung" der Wirtschaft. Die einzelnen Klagen über das Antidiskriminierungsgesetz stellten sich als teils zu kurz greifend, manchmal auch in einzelnen Punkten recht übertrieben dar. Jedenfalls ist die angekündigte Prozessflut nicht eingetreten. Die Kosten für eine weitere Standardisierung von Bewerbungsprozessen und der organisatorische Aufwand etwa zur innerbetrieblichen Implementierung der „Kultur der Antidiskriminierung" durch Schulungen und dergleichen stellen sich gleichwohl schon in der Anfangsphase des Allgemeinen Gleichbehandlungsgesetzes als nicht unbeträchtliche Bürden für freies unternehmerisches Handeln dar. Wie sich das Gesetz angesichts der in diesem Aufsatz dargelegten brisanten Punkte in den nächsten Jahren, wenn nicht Jahrzehnten, auf die gesellschaftlichen Verhältnisse tatsächlich auswirken wird, ist eine Frage, die sich nicht leicht beantworten lässt. Trotz oder gerade aufgrund dieser Unwägbarkeiten lohnt es sich aber, die Antidiskriminierungspolitik der letzten Jahre vor dem Hintergrund ihrer philosophischen und kulturellen Einbettung zu interpretieren.

Einen solchen Versuch unternahm vor allem die *Frankfurter Allgemeine Zeitung*, die Anfang 2005 etwa vor dem Hintergrund anhaltender Schwierigkeiten der Unionsparteien, eine konservative „Leitkultur" zu formulieren, die Etablierung einer „linken Leitkultur" beschwor. Der innenpolitische Ressortleiter der FAZ, Stefan Dietrich, meinte in seinem Leitartikel vom 21. Januar 2005: „Die Koalition wird immer mutiger in der Durchsetzung einer linken Leitkultur. Was sonst verbirgt sich hinter der ‚Kultur der Antidiskriminierung', dem Leitmotiv des Antidiskriminierungsgesetzes...? Wie sonst soll man es nennen, wenn nun auch die spezifischen Vorstellungen der parlamentarischen Mehrheit vom Umgang der Menschen miteinander am Arbeitsplatz und im rechtlichen Verkehr Gesetzeskraft erlangen und mit empfindlichen Sanktionen bewehrt werden?" Angesichts der „Antidiskriminierungsstelle des Bundes" und der „Antidiskriminierungsverbände" war auch von einem sich abzeichnenden „jakobinischen Tugendterror" die Rede: Statt einer Rechtsgemeinschaft stehe nun eine totalitäre „Wertegemeinschaft" ins Haus.

Weit davon entfernt, das spezifisch Neue der Antidiskriminierungspolitik zu erfassen, trägt dieser in liberal-konservativen Kreisen gängige Interpretationsansatz dazu bei, ein zentrales Merkmal unserer heutigen Eliten vollkommen auszublenden: nämlich ihre tiefe Orientierungslosigkeit, die ihre Fähigkeit, der Gesellschaft zu „führen", und ihre Autorität in der Gesellschaft, mehr und mehr untergräbt. Dass der Umstand, wonach den Eliten in Politik und Wirtschaft die Verwurzelung in die Gesellschaft und die Achtung durch die Gesellschaft abhanden gekommen ist, mit der Tatsache einhergeht, dass sich der obrigkeitsstaatliche Charakter einschneidender Regulierungen trotzdem ungebremst ausbreitet, ist ein Phänomen, das eine wahrlich kritische Publizistik erst noch zu erschließen hat.

Sicher: Wenn mit dem Allgemeinen Gleichbehandlungsgesetz auch die Institutionalisierung einer „Antidiskriminierungsstelle des Bundes" im Zusammenwirken mit Antidiskriminierungsverbänden einhergeht, die einem „weiterentwickelten" Gedanken der Menschenrechte auch die nötigen „Instrumente" an die Hand geben soll, scheint dies auf dem ersten Blick die schlimmsten Befürchtungen einer „linken Leitkultur" zu bestätigen. So soll diese bundesweite Einrichtung gegen Diskriminierungen einen hochoffiziellen Charakter bekommen. Ihr Leiter wird auf Vorschlag der Bundesregierung vom Bundespräsidenten ernannt. Zudem soll sie beim „Bundesministerium für Familie, Senioren, Jugend und Frauen" angesiedelt sein und die Öffentlichkeit zum Thema Antidiskriminierung „sensibilisieren".

Das alles mutet in der Tat „kulturrevolutionär" an und bedeutet einen gravierenden Einschnitt in die bestehende Wirtschafts- und Gesellschaftsordnung. Der Eingriff in die Autonomie der Teilnehmer des Wirtschaftslebens ist schon ungewöhnlich. Das Gesetz ist in vielen Punkten gegen den traditionellen marktliberalen Freiheitsgedanken gerichtet und läuft insoweit auf eine „Moralisierung" privatrechtlicher Beziehungen hinaus. Doch kann man von der Etablierung einer „linken Leitkultur" sprechen? Will das Allgemeine Gleichbehandlungsgesetz den Bürgern „spezifische Vorstellungen" vom „guten Menschen" oder dergleichen aufzwingen?

Zweifel am „linken" Charakter der Antidiskriminierungspolitik ergeben sich schon allein daraus, dass Nutznießer dieses Regelungswerkes auch Mitglieder derjenigen Klientel sind, die sich wohl, da ökonomisch eher in den oberen Sparten der Gesellschaft befindlich, sonst nicht durch linke Parteien vertreten fühlen dürften. Die hoch qualifizierte Bankangestellte, die sich des Allgemeinen Gleichbehandlungsgesetzes zur Ermöglichung ihres sachlich gebotenen Aufstiegs bedient, hat jedenfalls im Hinblick auf die im Übrigen marktwirtschaftliche Verwertung ihrer Arbeitskraft wenig einzuwenden.

Die konservative Kritik am AGG übersieht außerdem, dass die Triebfeder dieses Gesetzes nicht eine bestimmte Orientierung oder Vorstellung gesellschaftlichen Zusammenlebens ist. Man gebührt dem AGG zuviel der Ehre, wenn man die Etablierung einer „linken Leitkultur" oder dergleichen behauptet. Vielmehr ist eine inhaltliche Leere im Zusammenspiel mit einer tiefen Orientierungs- und Konzeptionslosigkeit, an der die politischen Eliten heute leiden, Triebfeder des Allgemeinen Gleichbehandlungsgesetzes. Man könnte eher sagen, dass die gegenwärtige Politik sowohl auf EU-Ebene als auch im nationalen Bereich mit dem AGG ihre eigene Vorstellungs- und Visionslosigkeit auf unsere Gesellschaft projiziert. Das AGG hat keine Vorstellung von einer „guten Gesellschaft". Die forcierte Berufung auf das „Leitbild" der „multikulturellen Gesellschaft" ist gerade das Eingeständnis einer sich auf „Vielfalt" beziehenden Beliebigkeit.

Die zentrale Rolle der Antidiskriminierungsstelle des Bundes verweist auf das Bestreben, eine offizielle „Kultur der Antidiskriminierung" zu etablieren. Die drakonischen Instrumente, mit denen der Idee der „Antidiskriminierung" Vorschub geleistet werden soll und zu denen etwa die geplante Beweislastverlagerung oder die als „abschreckend" intendierten Sanktionen im Falle eines Verstoßes gegen das „Diskriminierungsverbot" gehören sollen, deuten auf das Bestreben hin, politische „Entschlossenheit" zur Schau zu stellen.

Es fällt auf, dass der Versuch, eine neue „Leitkultur" oder „Wertegemeinschaft" zu schaffen, in eine Zeit fällt, die von großer Verunsicherung geprägt ist. Es scheint, als ob die Eliten in Politik (und auch Wirtschaft) auf Autopilot geschaltet haben. Die politische Orientierungslosigkeit auf nahezu sämtlichen Politikfeldern geht mit dem Niedergang traditioneller „zivilgesellschaftlicher" Vereinigungen wie Parteien oder Gewerkschaften einher. Vor allem die Krise der Volksparteien spiegelt den Umstand wider, dass sich unsere Gesellschaft zersplittert. Die Menschen ziehen sich ins Privatleben zurück und leben nebeneinander vor sich hin.

Die Institutionalisierung einer so genannten „Kultur der Antidiskriminierung" knüpft an diese gesellschaftlichen Zustände an und versieht sie mit einer offiziellen Weihung. Schon die Bezeichnung des „Bundesministeriums für Familie, Senioren, Jugend und Frauen", bei dem die Antidiskriminierungsstelle des Bundes angesiedelt sein soll, spiegelt den Verlust eines übergeordneten Bezugsrahmens wider. Die Zersplitterung der Gesellschaft in verschiedene Subkulturen findet schon hier ihren institutionellen Ausdruck. Ein genauerer Blick in das Allgemeine Gleichbehandlungsgesetz offenbart, wie sehr sich die Politik diesem Zersplitterungstrend anpasst. Das Gesetz schafft keine transzendentale, alle Subkulturen überwindende „Leitkultur". Es will vielmehr die Identität verschiedener Subkulturen vor einem Übergriff durch eine andere Subkultur „schützen". Seine Regelungen sehen einerseits vor, dass allen verschiedenen Kulturen „Zugang" zum gesellschaftlichen Leben verschafft werden soll – notfalls auch mit drakonischen juristischen Mitteln. Andererseits aber soll es Sperr- oder Pufferzonen zum Schutz vor unerwünschten „Belästigungen" bereithalten.

Vor dem Hintergrund einer auch in der allgemeinen Bevölkerung empfundenen Richtungslosigkeit lässt sich wiederum gut erklären, warum heutzutage zahlreiche politische „Maßnahmen" sich auf den „Schutz" vor allen möglichen Phänomenen berufen, sei es das „Klima", sei es die „Kriminalität", sei es aber auch „Stalking". Auch der im AGG deutlich zutage tretende „Schutzgedanke" ist vor dem Hintergrund des Verlustes allgemeingültiger Normen und allgemein bindender politischer Entscheidungen zu verstehen. Das AGG deutet die ursprünglich als Freiheitsrechte formulierten Grund- und Menschenrechte in Schutznormen um, die sich gerade gegen Privatpersonen richten sollen und den Staat als „Dienstleistungsunternehmen" im Kampf gegen die Widrigkeiten einer amorphen „Risikogesellschaft" aufwerten.

Das Problem an dieser Vorgehensweise ist, dass das Antidiskriminierungsgesetz der selbstgefälligen und egozentrischen Berufung auf die eigene „kulturelle Identität" die offizielle Weihe erteilt. Es ist ein Ding der Unmöglichkeit, dass daraus eine zukunftsweisende „Kultur" entsteht. Vielmehr stärken solche Initiativen die ohnehin vorhandenen gesellschaftlichen Zerfallstendenzen. Dies vor allem deshalb, weil dem AGG selbst eine desorientierende Richtungslosigkeit innewohnt, die geeignet ist, vorhandene Konflikte in unserer

Gesellschaft zu verstärken. Befördert wird dies durch die Zersetzung der Rechtskultur, die auf ein gewisses Maß an Berechenbarkeit angewiesen ist sowie auf klar definierten Begrifflichkeiten beruht. All das tastet das AGG an, da es zum einen die Beweislast dem Beklagten aufbürdet, zum anderen mit der Einführung des sehr schwammigen Begriffs der „Belästigung" auf das Erfordernis der klaren und evidenten Rechtsverletzung verzichtet. Sehr bedenklich ist auch die teilweise verschuldensunabhängige Haftung von Arbeitgebern für das „belästigende" Verhalten ihrer Mitarbeiter.

Das Allgemeine Gleichbehandlungsgesetz ist sowohl in seiner Entstehung als auch in seinem Inhalt Ausdruck antidemokratischer Gesinnung. Daran ändert auch die Tatsache nichts, dass es im Gewande der Gleichstellung und des Minderheitenschutzes daherkommt. Statt die Autonomie von Gruppen oder einzelnen Bürgern zu fördern, institutionalisiert es eine „Gleichheit" in Unfreiheit und Entmündigung und schafft eine beklemmende Konformitätskultur.

Sascha Tamm

Sündensteuern

Du sollst nicht rauchen, du sollst dich nicht an Glücksspielen beteiligen, du sollst dich nicht an alkoholischen Getränken berauschen. Sicher ließen sich noch einige andere Sünden nennen, die von vielen Menschen als schädlich angesehen werden – vielleicht sogar von einigen derjenigen, die sie selber begehen. Heute qualifizieren sich bestimmte Handlungen nicht mehr hauptsächlich aus religiösen Gründen als Sünden, wie es früher der Fall war. Heute sind es eher Wissenschaftler und Politiker, die bestimmte Handlungen als gefährlich oder schädlich definieren. Und die Sanktionen sind andere als in der Welt von Glauben und Religion: Um die potentiellen Sünder an ihren Handlungen zu hindern – oder doch wenigstens die Häufigkeit ihrer Verstöße zu verringern –, erhebt der Staat zusätzlich zum Verbot bestimmter Handlungen so genannte „Sündensteuern". Allerdings ist damit die Sünde in den meisten Fällen noch nicht vergeben, Raucher müssen z.B. zusätzlich zu den Tabaksteuern noch oft bizarre Warnaufdrucke auf Zigarettenschachteln über sich ergehen lassen. Alle Sünder sind zudem staatlich finanzierten Aufklärungskampagnen über die negativen Folgen ihres Handelns ausgesetzt.

Im Deutschen ist der Begriff „Sündensteuer" noch nicht sonderlich verbreitet, im Englischen wird „sin tax" jedoch häufig verwendet. Ein Beispiel ist die Tabaksteuer, ein anderes die Branntweinsteuer, ein besonders schönes die Alkopopsteuer, die nach dem AlkopopStG zusätzlich zur Branntweinsteuer auf „alkoholhaltige Süßgetränke" erhoben wird.

Unabhängig von der Bezeichnung sind überall auf der Welt die Argumente, die von den Befürwortern derartiger Steuern verwendet werden, sehr ähnlich. Sündensteuern werden auf den Kauf von bestimmten Waren oder Dienstleistungen erhoben, deren Nutzung als nicht erwünscht gilt. Der Staat will damit, so wird jedenfalls argumentiert, die Bürger vor den negativen Folgen des Konsums schützen. Dabei ist noch zwischen den Fällen zu unterscheiden, in denen alle oder eine bestimmte Gruppe von Menschen vor den Folgen des Handelns anderer geschützt werden sollen und denen, die Menschen davon abhalten sollen, sich selbst zu schaden. Bei ersteren ist eine Rechtfertigung etwas leichter zu finden. So ist im Fall der Mineralölsteuer eine spezielle Handlung, also das Autofahren, oder genauer gesagt der Verbrauch von Benzin und die damit verbundene Umweltverschmutzung, nicht erwünscht und wird durch die Erhebung der Steuern sanktioniert. In diesem Fall lassen sich externe Effekte benennen, wie etwa die Umweltverschmutzung und die damit verbundene Schädigung anderer, die zur Legitimation der Steuern herangezogen werden können. Um nicht falsch verstanden zu werden: Auch externe Kosten wie etwa Umweltbelastungen sind nur in sehr wenigen Fällen ein vernünftiges Argument zu Erhebung von speziellen Steuern oder Abgaben. Es gibt zahlreiche andere Mechanismen die hier verwendet werden können, so etwa privatrechtliche Verträge.

Wenn aber z.B. Raucher, Spieler, Trinker oder – wie für die Zukunft nicht auszuschließen ist – die Anhänger von fetten oder süßen Speisen vor sich selbst geschützt werden sollen, handelt es sich um Sündensteuern im engeren Sinne, von denen im Folgenden die Rede sein soll. Sie werden unterstützt von einer breiten Propaganda gegen bestimmte Verhaltensweisen, die sich auf wissenschaftliche Aussagen über die Schädlichkeit verschiedener Verhaltensweisen beruft. Hier soll nicht untersucht werden, wie wahr oder falsch all die wissenschaftlichen Aussagen über gesunde oder ungesunde Ernährung oder über die Folgen des Rauchens oder des Alkoholgenusses sind. Es wird vorausgesetzt, dass sie im Großen und Ganzen richtig sind, auch wenn gerade bei den schnell wechselnden Moden „gesunder Ernährung" wohl einige Zweifel angebracht sind. Doch inwieweit berechtigt das einen Staat, bestimmte Steuern zu erheben? Inwieweit sorgt er damit wirklich für das Wohl seiner Bürger?

Sündensteuern im engeren Sinn sind solche, die nicht oder nicht ausschließlich mit den externen Effekten bestimmter Handlungen begründet werden – also z.B. Steuern und Abgaben auf alkoholische Getränke, Tabakwaren oder auf das

Glücksspiel. Es wird ein Verhalten sanktioniert, das vor allem dem Handelnden selbst schadet – oder von dem zumindest behauptet wird, dass es ihm schade. So wird etwa der Gesundheitsschutz als Ziel staatlichen Handelns postuliert. Das klingt gut und ist bei vielen Wählern populär. Die meisten Menschen wollen gern gesund sein.

Reine Argumentationen zugunsten einer Sündensteuer sind allerdings selten. Das Wohl des Sünders selbst ist dann doch nicht überzeugend genug, um bei der Mehrheit der Wähler Zustimmung zu generieren. Es muss schon noch etwas direkter Nutzen herausspringen. Meistens werden deshalb zusätzlich externe Effekte unterstellt, die es zu kompensieren gilt. So werden z.B. im Zusammenhang mit den gesundheitlichen Folgen des Rauchens oft auch die Kostenbelastung für das Gesundheitssystem oder die volkwirtschaftliche Belastung durch den Arbeitsausfall genannt. Ähnlich funktioniert es auch beim Alkohol. Auf diesen Typ von Argumenten soll im zweiten Teil eingegangen werden. Dann komme ich auch auf ein Problem zurück, das allen Sündensteuern anhaftet: Sie enthalten einen nicht auflösbaren Zielwiderspruch: Einerseits soll ein bestimmtes Konsumverhalten sanktioniert werden. Das Ziel besteht also darin, etwa den Tabakkonsum zu reduzieren. Dem gegenüber steht das Interesse des Staates an der Maximierung der Einnahmen aus den Sündensteuern. Die Sündensteuern leisten z.B. in Deutschland einen relevanten Beitrag zur Finanzierung des Staatshaushaltes. Allein die Tabaksteuer spülte im Jahr 2007 über 14 Mrd. Euro in die Kassen des

Bundesfinanzministers. Wenn also die Bürger weniger „sündigen", sinken die Staatseinnahmen. Hier zeigt sich, dass der Staat weder an einer zu hohen Elastizität des Verbrauchs Interesse haben kann, noch ernsthaft an sie glaubt. Zusätzlich bilden hohe Sündensteuern auch den Nährboden für organisierte Kriminalität, die die extrem hohe Differenz zwischen Herstellungskosten und Endpreis ausnutzt.

Zunächst soll es jedoch um den Anspruch des Staates gehen, das Verhalten seiner Bürger zu steuern oder zu lenken. Genauer gesagt, um den Anspruch, Verhaltensweisen zu sanktionieren, die anderen Menschen nicht unmittelbar schaden. Das Verhindern oder Bestrafen von Handlungen, die andere schädigen, ist dagegen die Kernaufgabe jedes legitimen Staates. In dieser Formulierung zeigt sich bereits ein Grundproblem der Staatsaufgabenkritik in modernen Staaten: Staatliches Handeln produziert immer neue Gründe für staatliches Handeln. Das trifft, wie sich später zeigen wird, auch auf den Bereich der Sündensteuern zu.

Aus einer freiheitlichen Perspektive, die sich strikt an dem Vorrang des Schutzes von Freiheit und Eigentum jedes einzelnen Menschen orientiert, sind Sündensteuern nicht zu legitimieren. Sie widersprechen nicht nur dem Prinzip einer Besteuerung nach der Leistungsfähigkeit, sondern haben zum Ziel, den Menschen einen bestimmten Lebensstil aufzuzwingen oder doch wenigstens starke Anreize für ein bestimmtes Verhalten zu setzen.

Hier ist eine Zwischenbemerkung angebracht: Auch unter Liberalen wird immer wieder behauptet, dass der Staat „die richtigen Anreize" setzen müsse. Das ist nur in einem sehr eingeschränkten Maße richtig, eigentlich nur soweit, dass der Staat keine *falschen* Anreize setzen darf, wie etwa die für Trittbrettfahrertum in den Sozialsystemen. Jedes zielgerichtete „Setzen von Anreizen" für eine bestimmte positive Handlung ist ein Eingriff in die freie Preisbildung und damit in die Freiheit jedes einzelnen Menschen. Anders, als oft angenommen, ist es nicht einmal systematisch besser als das Aussprechen von Verboten bestimmter Handlungen. Mit jeder Setzung von Anreizen – sei es für die Investition in Windräder oder in die eigene Weiterbildung, sei es für eine Spende an gemeinnützige Organisationen maßt sich der Staat an, ein größeres Wissen als seine Bürger über die besten Verwendungsmöglichkeiten für ihr Eigentum zu besitzen. Damit verzerrt er die freien Verhandlungs- und Austauschprozesse, die allein eine langfristig sinnvolle Ressourcenverwendung ermöglichen. Eine Diskussion darüber, inwieweit Sündensteuern denn tatsächlich den Verbrauch einschränken können, ist deshalb in freiheitlicher Perspektive unsinnig, weil schon das Ziel der Verbrauchssenkung illegitim ist. Das heißt natürlich nicht, dass nicht private Initiativen Aufklärungsarbeit über die Folgen des Rauchens leisten können. Hier soll auch nicht die Aussage verteidigt werden, dass es vernünftig oder sinnvoll ist zu rauchen oder dass sich Raucher nicht selbst schädigen. Doch diese Aussage ist für eine politische Diskussion in einer freiheitlichen Ordnung irrelevant. Das Recht, sich selbst zu schädigen oder etwas zu tun, was alle anderen für vollkommen unsinnig und falsch halten, gehört zum Kern des Liberalismus. Trotzdem hat es dieses Prinzip heute selbst unter Liberalen schwer.

Die Privatsphäre ist sowohl Mehrheitsbeschlüssen als auch der öffentlichen Meinung entzogen – solange nicht Dritte geschädigt werden. Daraus folgt nicht, dass es keine öffentliche Debatte zum Rauchen oder zum Alkoholgenuss oder zum Glücksspiel geben darf. Ganz im Gegenteil – Urteilsvermögen und Entscheidungsfähigkeit entwickeln sich gerade in dieser Debatte. Doch die Durchsetzung bestimmter Werturteile mit staatlicher Zwangsgewalt ist etwas ganz anderes. Langfristig entwertet sie individuelle Urteile und öffentliche Debatten. Gerade diejenigen, für die Werturteile und moralische Prinzipien große Bedeutung haben und die selbst über starke Überzeugungen verfügen, müssen deren staatliche Durchsetzung strikt ablehnen, weil sie durch sie entwertet werden. Das betonte Robert A. Sirico in seinem inzwischen fast zum Klassiker gewordenen Aufsatz „*The Sin Tax: Economic and Moral Considerations*" aus einer religiösen und moralisch sehr radikalen Perspektive. Es gilt jedoch auch darüber hinaus.

Staatliches Handeln kann nur dann legitimiert werden, wenn dadurch Menschen daran gehindert werden, andere in ihren Freiheitsrechten einzuschränken oder ihnen auf andere Weise Schaden zuzufügen. Das soll in einer Weise geschehen, dass durch das staatliche Handeln wiederum die Freiheitsrechte aller so wenig wie möglich eingeschränkt werden.

Das trifft auf Sündensteuern nicht zu. Hier wird in ganz individuelle Entscheidungen eingegriffen, die andere nicht betreffen. Die negativen Folgen für eine freiheitliche Ordnung sind groß. Indem der Staat versucht, das Handeln der Menschen zu steuern, nimmt er ihnen etwas von ihrer Verantwortung. Er nimmt ihnen Entscheidungen ab (oder beeinflusst sie doch in eine bestimmte Richtung). Damit leistet er einer Tendenz Vorschub, die in modernen Wohlfahrtsstaaten selbstzerstörerisch wirkt: Die Menschen vertrauen ihrem eigenen Urteilsvermögen, ihren eigenen Entscheidungen immer weniger.

Das gilt auch dann, wenn viele der unmittelbar Betroffenen das staatliche Handeln, in diesem Fall die Steuerbelastung, mit der ein bestimmtes Produkt belegt wird, unterstützen. So kam eine Untersuchung in den USA zu dem Ergebnis, dass viele Raucher hohe Tabaksteuern unterstützen, weil sie ihnen helfen, besser mit ihrem Verlangen nach einer Zigarette umzugehen. Das klingt zunächst überzeugend, ist jedoch als Argument wertlos: Die Bedürfnisse einer bestimmten Gruppe (sei es auch eine Mehrheit) können nicht Zwang gegenüber einer anderen Gruppe begründen. Die Tabaksteuer betrifft alle Raucher, nicht nur die, die sich damit besser fühlen. Dieses Beispiel demonstriert noch einmal, wie staatliches Handeln von individuellen Entscheidungen entwöhnt.

Aus einer freiheitlichen Perspektive sind also Sündensteuern nicht zu rechtfertigen. Doch wie wir alle wissen, teilen viele Menschen diese Perspektive nicht. Sie sehen es als durchaus gerechtfertigt an, dass der Staat das Handelns der Menschen, jedenfalls in bestimmten Bereichen leitet. So sehen sie es als legitimes Ziel an, die „Kosten für die Allgemeinheit" zu reduzieren und die Kosten, etwa für das Rauchen, den Rauchern aufzuerlegen. Im Folgenden möchte ich deshalb kontrafaktisch unterstellen, dass die Beeinflussung des Verhaltens tatsächlich das vorrangige Ziel der Erhebung von Sündensteuern ist. Die Voraussetzung dafür ist, dass der Konsum tatsächlich hinsichtlich des Preises elastisch ist, dass also mit erhöhten Steuern der Verbrauch tatsächlich gesenkt werden kann, wofür es einige empirische Evidenz gibt. Außerdem möchte ich den Anhängern von Sündensteuern einen weiteren Schritt entgegenkommen und einmal annehmen, dass die Ziele staatlichen Handelns, die sie voraussetzen, legitim seien. Trotzdem deutet vieles darauf hin, dass Sündensteuern nicht der richtige Weg sind.

Raucher verursachen über ihre Lebenszeit hinweg höhere Kosten im Gesundheitswesen. Gehen wir einmal davon aus, dass diese Behauptung tatsächlich richtig ist. Dann stellen sich mindestens zwei Fragen: 1. Entstehen vielleicht durch Raucher an anderer Stelle geringere Kosten, so z.B. im Rentensystem? 2. Liegt das wesentliche Problem nicht darin, dass unser staatliches Gesundheitssystem (vermeidbare) Risiken nicht dem Einzelnen zuordnet, sondern allen Versicherten und außerdem allen Steuerzahlern? Die Antwort auf beide Fragen lautet „Ja". Dass z.B. Raucher eine geringere durchschnittliche Lebenserwartung als Nichtraucher haben, ist in der Wissenschaft allgemein anerkannt. Sie erhalten also, bei ansonsten gleichen Parametern, geringere Auszahlungen aus der Rentenkasse als Nichtraucher. Hier können und sollen diese Kosten nicht berechnet werden und gegeneinander abgewogen werden. Die Antwort auf die zweite Frage ist ohnehin viel wichtiger. Sie verweist nämlich darauf, dass in unserem sozialstaatlichen System viele Kosten erst zu Kosten für die Allgemeinheit gemacht werden. In einem System mit privaten Versicherungen würden sich ohne Zweifel am Markt Bewertungen für bestimmte systematische Gesundheitsrisiken ergeben. Bei den Risiken, die im Gegensatz etwa zu Erbkrankheiten o.ä. vom Verhalten des Einzelnen abhängen, ist ein Einfluss auf die vom Versicherungsnehmer zu zahlenden Beiträge sinnvoll und fair. Hier würde ein vom Markt generierter Anreiz vorliegen. In einer Ordnung, die viel mehr als die derzeit in Deutschland bestehende auf individuelle Verantwortung setzt, würde es den bereits erwähnten unauflösbaren Zielwiderspruch aller Sündensteuern nicht geben. Viele Kosten würden überhaupt nicht auf der Ebene des Staatshaushaltes anfallen, der Hunger nach immer neuen Staatseinnahmen zur Deckung der „sozialen Kosten" des Rauchens, Trinkens, Spielens wäre viel geringer. Gleichzeitig gäbe es durchaus finanzielle Anreize, die bestimmte Konsumgewohnheiten sanktionieren bzw. belohnen. Nur würden die Preise jetzt am Markt festgelegt.

Es ist also offensichtlich, dass die zu Rechtfertigung von Sündensteuern unterstellten externen Effekte wesentlich auf der Gestaltung des Sozial- und Gesundheitssystems beruhen, die systematisch die Eigenverantwortung der einzelnen Menschen unterminieren. Die vermeintliche Staatsaufgabe, Menschen vor den Kosten des Verhaltens anderer zu bewahren, existiert also nur aufgrund eines anderen Staatshandelns. Die sozialen Kosten sind nicht notwendige Begleiterscheinungen der hier diskutierten Verhaltensweisen. Wenn Menschen für die Risiken, die mit ihren eigenen Handlungen verbunden sind, nicht oder jedenfalls nicht vollständig aufkommen müssen, wenn also die Risiken nicht mit dem richtigen Preisschild versehen sind, so werden viele Menschen übergroße Risiken auf sich nehmen, die dann im aktuellen System von allen getragen werden müssen.

Es geht wohlgemerkt nur um die finanziellen Risiken – das erhöhte Krankheits- und Todesrisiko hat ohnehin jeder selbst zu tragen. Hier darf sich der Staat nicht einmischen. Es ist durchaus legitim, dass Menschen den Genuss des Rauchens höher einschätzen als ein paar zusätzliche Lebensjahre. Die umfangreiche Anti-Raucher-Propaganda dürfte zudem auch beim allerletzten Sünder dazu geführt haben, dass er sich der Risiken bewusst ist. Irgendetwas anderes vorauszusetzen würde heißen, dass der einzelne Mensch in irgendeiner Weise Eigentum der anderen Menschen oder des Staates ist.

Nicht einmal für einen Staat, der tatsächlich seine Bürger vor sich selbst zugefügten Übeln bewahren will, sind Sündensteuern das beste Mittel der Beeinflussung des Verhaltens. Auch hier funktioniert ein System besser, das auf individueller Absicherung gegen Risiken beruht.

Um so mehr gilt das für einen Staat, der sich am Ideal einer freiheitlichen Ordnung messen lassen muss.

Klaus Tschirner

„Fit statt fett": Stattliche Figuren und ein staatlich verordnetes neues Menschenbild – eine schwergewichtige Problematik

„Stattlich und feist erschien Buck Mulligan am Treppenaustritt" – mit diesen Worten beginnt einer der bekanntesten Romane der Weltliteratur. Stattlich und feist, so also beschreibt James Joyce in seinem Werk „Ulysses" in erster Annäherung einen seiner Protagonisten. Sie könnten dabei an Carlo Pedersoli denken, der unter seinem Künstlernamen Bud Spencer in mehr als 100 Filmen mitgewirkt hat. 1,94 Meter groß, wog der italienische Mime, der in jungen Jahren nationale Schwimmwettbewerbe gewann und zweimal an Olympischen Spielen teilnahm, zeitweise 160 Kilo. Das entspricht einem Body-Mass-Index von beängstigenden 43, wo doch der schmale Bereich zwischen 20 bis 25 bei Männern die gesunde Norm sein soll. Stattlich und feist?

Das lässt auch an andere Schwergewichte denken, an Sir Peter Ustinov oder Luciano Pavarotti etwa, an Meat Loaf, an die beleibten Helmuts, Qualtinger und Kohl nämlich, an Doppel-Moppel wie die Wildecker Herzbuben, an die stimmgewaltigen, in jeder Hinsicht volumenstarken Sängerinnen Montserrat Caballé, Joy Fleming oder die "Weather Girls" der 1980er-Jahre, die sich zuvor auf der Bühne als „Zwei Tonnen voll Spaß" ("Two tons o' fun") präsentiert hatten.

Prominente aus Politik und Show-Biz haben, soweit bekannt ist, nicht mehr und nicht weniger Sorgen als andere Menschen mit dem Überschuss an Pfunden. Als Nation aber scheinen wir zunehmend (man beachte die Wortwahl!) ein gewichtiges Problem mit dem Gewicht zu haben. Der nächtliche Ausflug vor den Kühlschrank? Erst 'mal eine Zwischenmahlzeit im Stress der Prüfungsvorbereitung? Auf solche „Reflexe" ist Verlass. Ohnehin scheinen leibliche Genüsse einen hohen Rang einzunehmen, nimmt man die Vielzahl der Werbespots für Schoko-Riegel und Knabbergebäck als Indikator, das breite Sortiment der Kochbücher, die vielen Koch-Sendungen praktisch aller TV-Sender. Ja, wir sind zweifellos ein Volk von Gastrikern mit Sehn-Süchten und Süchten geworden, deren Aufmerksamkeit auf oralen Genuss fixiert ist – die teils aus Gewohnheit, dann meist unbedacht, teils aus Freude am Genuss Lebenslust und Selbstbelohnung (auch) auf kulinarischer Ebene vorsehen. Die Genüsse „leben". Nun verordnet uns der Staat Reduktionskost, wünscht, dass wir uns gesund ernähren. Auch dass wir uns möglichst sehr viel mehr bewegen, bewegt unsere Politiker. Als ob

Gefahr bestünde, das kollektive Übergewicht der Nordhalb-
kugel unseres Planeten könne diesen ins Trudeln geraten
lassen, die Erde auf dem rasanten Flug durchs All von ihrer
Bahn abkommen ...

Von Schwermenschen und der Massenmasse

Folgt man aktuellen Statistiken, sind wir also endgültig ange-
kommen in der „Pfundesrepublik Deutschland", gelten derzeit als die schwergewichtigste Nation in Europa, die ver-
fressenste obendrein. Dass wir auch im Konsum von
Light-Produkten Europameister sind, könnte beruhigen.
Doch halt: Heißt das nicht, dass die Menschmasse der Masse Mensch hierzulande sonst noch höher wäre? Mit teutoni-
scher Gründlichkeit und in preußischer Perfektion scheinen
viele von uns ihren Körper via leibliche Genüsse zu model-
lieren, mästen sich, was das Zeug hält – in XXL-Mägen passt
immer noch etwas hinein, und echte „Schokoholiker" lassen
sich von Warnungen so schnell nicht vom Konsum abschre-
cken. „Essen ist meine Lieblingsspeise", heißt es bei Ja-
nosch. Runde Pfunde, satte Polster – was für andere Menschen derart abstoßend ist, dass sie sich lieber ins Extrem
fasten, hungern oder erbrechen. Mit der Folge, dass die gra-
fische Zone der Normalgewichtigen von jämmerlich wenigen Bürgern gebildet wird, an deren Konfektionsgrößen
sich die Bekleidungsindustrie nicht mehr lange orientieren
wird.
Stattlich und feist oder „nur" drall und üppig, korpulent oder
„gut beieinander"? Vielleicht waren Sie es, neulich im engen

Lift eines Hochhauses, der sich flach an die Hinterwand drückte, als Dirk Bach und Hella von Sinnen zustiegen. Oder Sie waren die Frau in der bereits überfüllten Tokioter U-Bahn, deren Tür sich öffnete, um zwei Sumo-Ringer zusteigen zu lassen. Wer je im Kino, Theater oder im Flugzeug neben einem massigen Menschen saß, gar zwischen zwei nach Luft japsenden Übergewichtigen eingekeilt war, wird Aufrufe und Programme, die für mehr Bewegung und Fitness, vor allem aber für eine neue „Leichtigkeit des Seins" werben, nur begrüßen. Der genauere Blick auf Statistiken und Studien, auf Fitte und Fette, Programme und Prognosen lässt indes rasch erkennen: Der Appell hat seine eigene Problematik, den „neuen Menschen" der 2020er-Jahre wird es wohl nicht geben. Nicht geben können. Ja, nicht einmal geben dürfen.

Zum heutigen Zeitpunkt finden sich zu dieser Thematik wenige überzeugende Antworten, hingegen eine Flut sozusagen ‚hochkalorischer' offener Fragen – Übermaß also auch hier. Weil Fett nicht gleich Fett ist. Weil es möglicherweise gar nicht stimmt, dass dessen Verbrennung im angegebenen Pulsbereich optimiert ist. Weil es auf komplexe Probleme wie das der bequem gewordenen Generationen, der „Wohlstandskrankheiten", der Ablehnung verordneter oder „nur" empfohlener Präventivmaßnahmen normalerweise keine einfachen Antworten gibt. Und: Weil die Menschen eben so sind, wie sie sind – lieber den einfachen Weg gehend, Genüssen jedweder Art nicht abgeneigt, am Vertrauten festhaltend, und rebellisch, sobald der Eindruck entsteht, man wolle ihnen etwas wegnehmen. Aber auch dazu stellen sich Fragen, die vorerst unbeantwortet bleiben: Ein nationaler Aktionsplan - warum gerade so, warum ausgerechnet jetzt? Und wie sähen Alternativen dazu aus, die sich breiter Akzeptanz erfreuten?

Ran an den Speck: Über Gewicht und Übergewicht

Da ist zunächst die Frage, wer als dick gilt, als zu füllig, als krankhaft adipös. 75,4 % der Männer und 58,9 % der Frauen in unserem Lande sind übergewichtig, heißt es in der Studie der International Association for the Study of Obesity (IASO), die unsere Politiker aufschreckte und zum Handeln veranlasste. Etwas gnädiger fallen die Zahlen von Eurostat aus, dem Europäischen Statistikamt. Zwei Drittel der Männer und 53 % der Frauen entsprechen demnach nicht dem Bild des gesundheitsbewussten Bürgers, das Horst Seehofer und Ulla Schmidt propagieren – 48 % der Männer sind übergewichtig, weitere 18,8 % sogar fettleibig; bei den Frauen sind es 31,3 % bzw. 21,7 %. Und von den 3- bis 17-Jährigen gelten immerhin 15 % als übergewichtig, weitere 6,3 % als fettleibig. In absoluten Zahlen: 1,9 Millionen Kinder sind demnach zu dick, davon 800.000 sogar adipös, wie jüngst das Robert-Koch-Institut (RKI) feststellte. Anders als das bei vielen Erwachsenen eingeschätzt wird, gelten sie als Opfer, sind in besonderem Maße schützenswert.

Die Politiker im Ernährungs- bzw. Verbraucher- und im Gesundheitsministerium reagierten prompt: Ihr Aktionsplan, am 10. Mai 2007 dem Kabinett mit seinen Eckpunkten vorgestellt, ist vordergründig nachvollziehbar, gilt anderen freilich als unausgereifter Schnellschuss. Da und dort geht schon die Angst um, jene, die in absehbarer Zeit die wünschenswerte Gewichtsreduktion nicht schaffen, könnten zu „Verhaltensschädlingen" erklärt und für die Mehrbeanspruchung gesundheitsbezogener Leistungen zur Verantwortung gezogen werden. Davon ist keine Rede, jedenfalls noch nicht. Infrage gestellt wird allerdings das Zahlenwerk, das die Verantwortlichen gleich zweier Bundesministerien so stark beunruhigt hat.

Kritik daran allenthalben: Die IASO verglich die Gewichtsdaten der Menschen in 25 Ländern. Einige Nationen, darunter Deutschland, gaben dazu Ergebnisse aus „freiwilligen Angaben" aus der Hand: aus dem Gesundheitsbericht des Bundesgesundheitsministeriums, dem telefonischen Bundes-Gesundheitssurvey des Robert-Koch-Instituts und des Bertelsmann-„Gesundheitsmonitors". Ungarn, Dänemark und die Slowakei lieferten freilich Daten, die teils15 Jahre alt sind. Wirklich aktuell sind nur die Angaben aus Österreich, die erst im vorigen Jahr erhoben wurden. Angesichts begrenzter Verfügbarkeit von Daten und der nicht gegebenen einheitlichen Standardisierung ist eine Gegenüberstellung der verschiedenen Länder problematisch. Die alleinige Orientierung am Body-Mass-Index (BMI) und den strengen Maßstäben der WHO wurde ebenfalls kritisiert – zu Recht, wie nachfolgend ausgeführt werden soll. Kein Wunder, dass die Schlussfolgerungen der IASO-Studie beargwöhnt werden. Doch müssen wir um Prozentangaben feilschen und den „schwergewichtigen" Europameister-Titel infrage stellen? Es gibt ein Problem des Übergewichts; allerdings mangelt es an fundierten Analysen, nach welchen Kriterien die Menschen dem einen oder anderen Lebensstil zuneigen, und damit zwei diametral entgegengesetzten Kategorien gelebten Lebens: den Couch-Potatoes oder den Fitness-Jüngern, den Gewichts- und den Aktivitäts-„Extremisten" der einen oder anderen Couleur.

Adipös = riskant = mittelfristig krank = teuer= langfristig unbezahlbar = unsozial?

Sprechen wir zunächst von einem gewichtigen Folgeproblem: den Gesundheitskosten, die das Übergewicht verursachen soll. Gemäß dem GSF-Forschungszentrum gilt die Formel: Je dicker, desto teurer. Charakteristische Folgekrankheiten und Leiden, die mit Übergewicht einhergehen, verursachen nach Schätzungen der Fachleute rund ein Drittel aller Kosten im Gesundheitswesen. Für das Jahr 2003 waren das 72,6 Milliarden, nach anderen Berechnungen sogar ein Drittel von 239,7 Milliarden €. Erstaunlicherweise wartet die schon genannte IASO in ihrer „ddp-Studie der International Association for the Study of Obesity" mit einer völlig anderen Größenordnung auf. Demnach waren 2006 10 bis 20 Milliarden € dafür zu veranschlagen.

Zahlenspiele auf allen Ebenen, so auch beim Body-Mass-Index. Das Ermitteln des BMI sieht eine kleine Divisionsaufgabe vor – das Gewicht in Kilogramm, geteilt durch die quadrierte Körpergröße in Metern. Für Kinder gibt es zusätzliche Referenzwerte; auch nach Amputation eines Arms oder Beins liegen spezielle Verhältnisse vor, kommen daher Korrekturformeln zum Einsatz.

Der BMI ist lediglich ein Orientierungswert zur Beurteilung des Körpergewichts, der den früher gebräuchlichen Broca-Index abgelöst hat. Dass er zunächst für den Versicherungsmarkt entwickelt wurde, können wir hinnehmen. Die Formel ist eindeutig, doch ohne eine anschließende Bewertung sagt die errechnete Zahl nichts aus. Hier sind es Experten der WHO, die den Normbereich für Frauen auf 19 bis 24, den für Männer auf 20 bis 25 festlegen und ab dem Wert 30 von krankhaftem Übergewicht (Adipositas) ausgehen. Eine Verschiebung dieser Grenzen um nur einen Punkt würde die Statistiken deutlich verändern. So, wie sich die Ideale menschlicher Körper immer wieder geändert haben. Aus solcher Sicht ist nicht jeder Dicke dick – er wird durch Festlegung von Grenzen erst zum Übergewichtigen definiert. Dass es ihm gut täte, weniger Kilos mit sich herumtragen zu müssen, steht auf einem anderen Blatt. Denn trotz aller Kritik: Es gibt die Übergewichtigen, es gibt unzweifelhaft die Folgekrankheiten, und ausgabenbewusst – wie leider nicht durchgängig – mischt sich die Politik ein. Stattlich und feist.

Zu viel, zu gut, zu oft, zu schwer

Von nichts kommt nichts, heißt es auch beim Essen: Zufuhr von Kalorien und Verbrauch sollten einander angeglichen sein; jeder Überschuss geht erst einmal „auf die Rippen". Doch das Prinzip von Zu- und Abfluss – das Zusammenspiel von Ernährung und Bewegung – ist bisher bestenfalls grob verstanden, wie neuere Studien aus dem „Biotop der Hormone und der unerwartet vielen Botenstoffe" in den Fettzellen zeigen. Schauen wir aber zunächst auf den Bewegungsapparat. Wie schnell Muskulatur schwindet, wird nach einer Armfraktur deutlich: Drei bis fünf Wochen im stabilisierenden Gips, und der Armumfang ist im Vergleich mit der unverletzt gebliebenen Seite sichtbar zurückgegangen. Bettlägerigkeit lässt entsprechend mehr Muskelpartien atrophieren. Und tägliche Passivität, die unsere Muskeln nicht fordert, tut dies ebenfalls, wenn auch im weniger krassen Maßstab.

Nur aktive Muskeln verleihen Fitness, nur sie verbrauchen Energie, ansonsten finden sich die (überzähligen) Kalorien als Depot im Fettgewebe wieder. Dann tragen wir nicht nur die meist unnötigen Polster mit uns herum; die Anwesenheit vieler solcher Fettspeicher senkt auch den Grundstoffwechsel, d.h. die dann zugeführte Kalorien werden noch weniger verbraucht und ‚abgearbeitet'. Zugleich reduziert das Fett die Wirkung des Insulins – mit der Folge, dass der Blutzucker in ungesunde Höhe schnellen kann. Doch nicht allein dass

Gicht und die Arteriosklerose (das allmähliche Erstarren und Engerwerden der arteriellen Blutgefäße) mitsamt den Folgen entsprechender Gefäßverschlüsse mit massivem Körpergewicht einhergehen: Auch die Erforscher des Anti-Aging verstören die Genießer mit einem unerwarteten Befund an Fruchtfliegen und Fadenwürmern, Mäusen und Ratten: Langlebigkeit ist offenbar an Fasten gebunden, an Kalorienreduktion um rund 40 % des Üblichen – der Betriebsstoffwechsel bleibt dabei erhalten. Auf dass uns darüber der Appetit vergehe ... und wir vom Genuss-Esser zum Frust-Fresserchen mutieren.

Die Sache mit den Genen

Körperfett, das sind bis zu 30 Milliarden rundlicher Zellen, die durch Einspeichern ihr Volumen bis zum 200-fachen vergrößern: ölhaltige Kugeln, die meist in großen Gruppen zusammenliegen, als Verbund von Stützgewebe umgrenzt und fixiert. Voll oder leer, aber in konstanter Anzahl vorliegend? Das gilt seit einiger Zeit nicht mehr: Auch Fettzellen können sich vermehren, wenn die Speicher voll sind; das Fettabsaugen ist damit keine Lösung ein- für allemal.

Menge und Volumen sind also problematisch, aber auch auf die Verteilung kommt es an. Hier gilt der android „Apfeltyp" mit überwiegend Bauchfett als bedenklich: Er erhöht das Risiko eines Bluthochdrucks, langfristig das von Herzinfarkt und Schlaganfall. Der gynoide „Birnentyp" mit Fett vor allem an Hüften und Oberschenkeln sei weniger riskant. Sagen die Fachleute, doch auch das dürfte nur ein vorläufiges Urteil sein – mitgedacht stets die Einschränkung „Soweit wir heute wissen."

Der Jojo-Effekt beruht bekanntlich auf körperlicher „Vorsorge"; die alten Programme in unseren Zellen, jenes archaische Erbe, funktionieren nur allzu gut. In der Schwarte viel speichern zu können, war in der frühen Menschheitsgeschichte ein Überlebensvorteil; Hungerszeiten ließen sich durchstehen dank des Speicherfetts. Zudem scheinen wir noch immer ausgelegt zu sein für ein Leben, das uns über Entfernungen von 25 Kilometern und mehr täglich in der Savanne nach essbarer Beute jagen lässt. Wir tragen im wörtlichen Sinne schwer an der Bürde dieses auf Zuwachs und Energiereserve ausgerichteten Genoms. Oder anders: Die Evolution des Menschen vollzog sich dummerweise ohne jede Orientierung an rasch sich wandelnden Lebensumständen; vorwiegend sitzende Tätigkeit und „Futter im Überfluss", noch dazu in jeder Jahreszeit und ohne viel Anstrengung erhältlich, waren nicht eingeplant. Das aber ist unser universales Erbe, selbst wenn individuell unterschiedliche Ausprägungen bestehen: Die beleibten Prominenten, von denen eingangs die Rede war, unterliegen damit denselben Naturgesetzen wie Lieschen Müller, Otto Normalverbraucher und Erika Mustermann. Aber vielleicht haben oder hatten sie mehr Spaß beim „Leben aus dem Vollen" – bevor einige von ihnen ereilte, was der politische Vorstoß vielen von uns ersparen will.

Vom Messen, vom Essen, von wilden Exzessen

Worum geht es bei der Körperfettmessung? Das Erscheinungsbild einer Person lässt den Körperfettanteil nicht unbedingt erkennen; selbst schlanke Figuren mit mäßigem Körpergewicht können zu viel davon aufweisen. Mit zunehmendem Lebensalter steigt dieser Körperfettanteil noch, denn Muskel- wird zunehmend durch Fettgewebe ersetzt, bei allen Menschen. Es sei denn, wir steuern dem durch Training gegen. Nur der „Blick nach innen" zeigt, wie es um unseren Fettanteil bestellt ist. Basis der Messung ist die bioelektrische Impedanzanalyse (BIA), bei der ein schwacher Strom über EKG-Elektroden durch den Körper geleitet wird. Wasser, Fett und Muskulatur bieten dem Strom unterschiedlich viel Widerstand; die verschiedenen Laufzeiten ergeben ein „Bild" von der Stärke der jeweiligen Gewebe.

Von Natur aus haben Frauen ca. 5 bis 10 % mehr Körperfett als Männer: biologisch sinnvoll wegen der damit gegebenen Schwangerschafts- und Stillzeitreserven. Der Körperfettanteil, also das Verhältnis von passivem Fett- zum aktiven Muskelgewebe, wird im Body-Mass-Index nicht berücksichtigt. Dabei beeinflusst das Fettgewebe aber maßgeblich den Grundstoffwechsel und somit den Kalorienverbrauch. Während Muskelzellen selbst im Schlaf noch einen kleinen Vorrat an Kalorien ‚verheizen', befinden sich Fettzellen im passiven Wartezustand. „Bereitschaftsdienst" sozusagen, aber keine Aktivität, die wenigstens ein paar Kalorien loswerden ließe.

Erst eine Körperfettmessung zeigt demnach den wahren Fitnesszustand und gibt Anhaltspunkte für das Risiko typischer Folgeerkrankungen. Bei Frauen ist ein Gutteil ihres Körperfetts im Inneren versteckt, bei Männern ist es eher sichtbar – als Bauch, Wampe, Ranzen, Plauze, Rettungsring (und was darüber hinaus an Worten eingeführt wurde, um diesen Körperteil nicht beim sachlich-richtigen Namen nennen zu müssen). Rauchen und manche Diät halten äußerlich schlank, doch wenn die Muskulatur nicht entsprechend ausgebildet ist, ist es um die Fitness dennoch schlecht bestellt. Wer durch Passivität an Muskulatur verliert, senkt damit auch den Grundstoffwechsel, destabilisiert seine Wirbelsäule usf. Und wer übergewichtig ist, belastet das Herz, verschleißt Gelenke, selbst wenn das Verhältnis von Muskulatur zu Fettgewebe gar nicht so ungünstig ‚verschoben' sein sollte.

Gewogen, für zu schwer befunden

Körperfett – ein Anteil von mehr als 25 % bei Männern und über 35 % bei Frauen gilt als gesundheitlich bedenklich. Die Messung mit modernen „Fettwaagen" zeigt oft am Morgen einen höheren Fettwert an; am Nachmittag ist der zwar geringer, dafür das Gewicht höher. Warum? Morgens fehlt dem Körper Wasser; das „Schmeichelgewicht" erklärt sich so. Der Fettgehalt blieb über Nacht aber gleich, nur prozentual ist er nun höher. Umgekehrt ist es am Nachmittag. Dann liegt nach Essen und Trinken das Gewicht zwar höher, der

Fettgehalt wurde aber ‚verdünnt' und wird demgemäß als prozentual geringer angegeben. Die Waage registriert also tageszeitliche Schwankungen, die freilich stark vom Körperwasser abhängen. Gefüllte Blase oder nicht? Viel Flüssigkeit aufgenommen oder kaum etwas getrunken? All das und mehr beeinflusst das Messergebnis – obwohl es mit dem Fett nichts zu tun hat. Wassereinlagerungen im Monatszyklus führen bei Frauen übrigens zu noch größeren Schwankungen als bei Männern.

18 handelsübliche Körperfettwaagen hat Ökotest 2003 untersucht; mehr als die Hälfte der Geräte schnitt damals mit „mangelhaft" oder „ungenügend" ab. Ist das so verwunderlich, wo doch die BIA schon wegen der genannten Abhängigkeit vom vorhandenen Körperwasser als unzuverlässig gilt? Auch wird durch die Anordnung der Elektroden bevorzugt das Fett in den Extremitäten gemessen, das gegenüber dem Speichergewebe am Stamm weit weniger interessiert. Eine Freiburger Studie favorisiert denn auch die anderen Messmethoden, die allerdings nur mit großem Aufwand durchzuführen oder sogar an eine Strahlenbelastung gebunden sind. Der Vorschlag, außerhalb spezialisierter Labors besser das Verhältnis der Taille zur Hüfte zum Kriterium zu machen, ist von daher zumindest bedenkenswert – Maßband statt HighTech-Waage.

Der BMI ist nach all dem ein Index ohne Blick auf das Fett, und wo dieses doch berücksichtigt wird, ist es messtechnisch schwer fassbar. Fazit: Die vorgelegten Zahlen mögen fragwürdig sein; gleichwohl besteht das Problem. Wer es löst und mit welchem Ansatz, ist damit allerdings nicht festgelegt.

Übergewichtige haben gleich kiloweise Probleme

Ist Dicksein eine Krankheit? Oder bestenfalls Vorstufe – eine Existenzform, mit der spezifische Risiken einhergehen? Erhöhte Risikoziffern einfach hinwegzufegen, entspräche keinem rationalen Umgang damit. Umgekehrt gilt zugleich, dass Normalgewichtige auch kein Null-Risiko hinsichtlich Schlaganfall und Herzinfarkt haben, dass ihre Risiken bezüglich anderer Entwicklungen bestenfalls unklar (wenn nicht erhöht) sind, dass das Leben prinzipiell auch für sie lebensgefährlich bleibt.

Und krankhafte Dicklichkeit? Die ist auf wenige Spezialfälle beschränkt, auf Elefantiasis etwa, massiv gestörten Lymphabfluss, auf das Cushing-Syndrom, oft mit der Cortisongabe sogar erst durch medizinische Interventionen verursacht. Diese und wenige weitere, jeweils seltene Drüsenerkrankungen belegen rein statistisch: Die Vielzahl der Übrigen mag jene Steinzeit-Gene haben, die das Fettgewebe seinen Auftrag umsetzen lassen. Aber zugleich verfügen sie prinzipiell über die Fähigkeit, überschüssige Kalorien durch körperliche Aktivität „abzuarbeiten". Oder: die Zufuhr durch bewusstere Ernährung zu drosseln. Auf Krankheit und damit auf ein unabänderliches Schicksal, wo es um ihre Schwergewichtigkeit geht, können sich mithin die wenigsten berufen. Stattlich und feist, plump und eingeschränkt – das verweist auf Täter oder Mittäter, aber selten auf Menschen in der ‚gewichtigen' Opferrolle.

Ungünstig hohe Blutfette, die langfristig zu Ablagerungen führen und schließlich die Adern verstopfen, sowie die Zuckerkrankheit mit ihren Vorstufen werden seit einiger Zeit zum „metabolischen Syndrom" zusammengefasst. Es ist quasi zeitlich die Zwischenstation, der später alles folgen kann, was der Unterversorgung mit Sauerstoff geschuldet ist: Infarkte in Herz und Gehirn, die arterielle Verschlusskrankheit der Extremitäten bis zum „Raucherbein", Versagen der Nieren, Erblindung. Das sind nur Beispiele.

Einige dieser Spätfolgen von Bluthochdruck und metabolischem Syndrom haben gar nicht direkt mit überflüssigen Fettpolstern am Körper zu tun, jedenfalls nicht erkennbar. Es korreliert lediglich das eine mit dem anderen, das sich später entsprechend oft einstellt. Korrelation? Das lässt den statistisch Geschulten aufhorchen und ruft im Kopf zweierlei auf: Es geht um eine Tendenz, eine häufige Koppelung zweier Ereignisse, aber nicht um ein Naturgesetz. Pavarotti starb kürzlich an Krebs, nicht an einer der typischen Spätfolgen eines übergewichtigen, verfetteten Körpers. Und: In der Korrelation ist nicht eine der beiden Größen zwangsläufig Ursache der anderen. Tatsächlich versucht man erst jetzt, das eine oder andere „missing link" zwischen Risikofaktor und häufig registrierter späterer Gesundheitseinbuße zu identifizieren. Die plumpe Zelle, die neben dem Zellkern nur einen Tropfen Fett zu enthalten schien, entpuppt sich gerade erst als Tummelplatz von rund 100 weiteren Stoffen – mit noch unbekannten Konsequenzen für eine gesundheitsbewusste Lebensführung.

Fazit: Lange wurden Fettpolster nur als ästhetisches Problem gesehen, wenn überhaupt: In den Wirtschaftswunderjahren galten Schmerbauch und Doppelkinn bei Männern als Ausdruck materiellen Wohlstands. Erst später bekam Fett ein massives (!) Imageproblem, war (und ist) die Absaugtechnik en vogue. Bestimmte Fette sind dabei stärker als andere in Verruf geraten – gesättigte stark, ungesättigte Fettsäuren nicht. Und aktuell entpuppt sich Fettgewebe gar als noch unverstandenes „Organ", wird zum potenziellen endokrinen Wunderland.

Fit statt fett: Die Regierung im Kampf gegen überflüssige Pfunde

Stattlich und feist? Fit statt fett, hielten Bundesgesundheitsministerin Ulla Schmidt (SPD) und der ehemalige Verbraucherminister Horst Seehofer (CSU) dagegen. Sie wollten mit ihrem Fünf-Punkte-Plan gegen das Übergewicht der deutschen Bevölkerung vorgehen und gesündere Ernährungsstile durchsetzen; zugleich sollten sich die Bürger deutlich mehr bewegen. Und das sind die erklärten Ziele aus dem Eckpunktepapier, die das Kabinett im Frühsommer 2007 verabschiedet hat: Kinder sollen möglichst früh und verstärkt über gesunde Ernährung und mehr Bewegung informiert werden. Dabei haben

Eltern eine besondere Verantwortung. Initiativen zur besseren Aufklärung soll es deshalb in Kindergärten und Schulen geben, aber auch in Unternehmen und bei der Bundeswehr. Aufklärung gilt hier als erster, wesentlicher Schritt der Vorsorge.

Sodann will die Bundesregierung mit Ländern, Kommunen und Sportverbänden Konzepte entwickeln, um die Bundesbürger zu mehr Sport und Bewegung im Alltag zu animieren. Der Aufruf, täglich zusätzliche 3000 Schritte zu gehen, war wohl ein erster Versuch, das Programm mit Leben zu füllen. Das Essen in Schulen, Firmenkantinen, Krankenhäusern und Senioreneinrichtungen soll gesünder und ausgewogener werden. Dazu sind Qualitätsstandards in Planung. Im Gespräch ist zudem eine bessere Kennzeichnung der Inhaltsstoffe der Nahrungsmittel. Schließlich ist auch die Forschung angesprochen: Der Einfluss von Ernährung und Bewegung auf „große Volkskrankheiten" wie Fettleibigkeit, Zuckerkrankheit, Herz-Kreislauf-Erkrankungen und Rückenbeschwerden ist nach Ansicht der Regierung noch nicht genügend geklärt. Zu guter Letzt soll das Zusammenspiel von Bund, Ländern und Kommunen bei der Förderung eines gesunden Lebensstils verbessert werden. Dabei betonte der ehemalige Minister Seehofer, neue Vorschriften oder Verbote solle es nicht geben.

Weniger ist mehr: Zu dick, um als gesund zu gelten

Wo zwei Ministerien mit einem noch formalen Katalog vorpreschen, legen Abgeordnete von Union und SPD gleich nach. Sie wollen den Kampf gegen Übergewicht und Fehlernährung vorantreiben: Ernährungskunde in die Lehrpläne der Schulen, Erhöhen der Zahl der Sportstunden, mindestens drei pro Woche, und an Ganztagsschulen müsse mittelfristig sogar die tägliche Sportstunde das Ziel sein. Die Rede ist sodann von Angeboten im direkten Lebensumfeld der Kinder und Jugendlichen, in den Stadtteilen, den Schulen und Kindertagesstätten. Ärmere Familien müssten bei den Kosten für einen Sportverein oder ein Sportstudio unterstützt werden. Die Verpflegung in Kitas und Schulen soll ausgebaut und preiswerter werden. So könne man beispielsweise die Mehrwertsteuer auf Schulverpflegung abschaffen. Ferner solle das Radwegenetz ausgebaut werden. Die Initiative ist als Ergänzung des Aktionsplans gedacht – flankierende Maßnahmen, Versuche der Konkretisierung, der Ergänzung.

Ehrlich ist das Programm gewiss – es versteht sich (auch) als kostenorientiert, ist ausgabenmotiviert. Dabei geht es den einen nicht weit genug, anderen schon zu weit. Nicht konkret sei der Aktionsplan, nicht operationalisierbar, inhaltslos, und das Programm stigmatisiere zudem jene Übergewichtigen, die nichts für das Zuviel an Pfunden und die Fettverteilung könnten. Udo Pollmer, wissenschaftlicher Leiter des Internationalen Instituts für Lebensmittel- und Ernährungswissenschaften, nimmt kein Blatt vor den Mund: „Die Politik reagiert reflexartig auf alles, was Applaus verspricht." Man solle besser erforschen, woran die bisherigen Maßnahmen gescheitert seien. Was hätten die vergangenen 50 Jahre gelehrt? Dass Kalorieneinsparen den Körper veranlasst, sich mit Fett zu isolieren, um Energieverluste zu vermeiden. Und: Jeder Versuch, über den Verstand Verhaltensänderungen zu bewirken, sei langfristig zum Scheitern verurteilt. Das stimmt so generell allerdings wohl nicht. Vor allem gegen eine erweiterte Kennzeichnungspflicht der Lebensmittel wandten sich Funktionäre dieses Bereichs: Weder die britische Ampellösung mit drei farbigen Punkten auf den Verpackungen noch ein Beipackzettel nach Art der Medikamente, der vor allem verstöre und verunsichere, könne die Lösung sein.

Das „süße Gift" der Snacks und Chips

Ja, die Gegenreaktionen auf die Aktion der Bundesregierung ließen nicht lange auf sich warten; wer am PC bei Google nicht „Fit statt fett" sondern „Fett statt fit" als Suchbegriffe eingibt, stößt auf eine stolze Portion an Kritik, Unverständnis und Widerstand. Fett sei Geschmacksträger und -verstärker, könne also nicht global verteufelt werden. Sei notwendig u.a. für den Fortbestand der Nervenhüllen sowie den Aufbau von Hormonen. Richtig. Aber hier überzieht die Kritik; von einem absoluten Fettverbot ist nirgendwo die Rede, und völlig fettfreie Ernährung wäre ohnehin nicht realisierbar. Anders gelagert ist der Hinweis, in den Medien würden überwiegend perfekte Menschen vorgeführt; die Dauerbotschaft laute, man könne mit einem Zuviel an Pfunden unmöglich glücklich sein. „Dick" sei zu einer Diagnose geworden – mit der Konsequenz, dass viele Menschen, statt Frieden mit sich zu schließen, mit dem Skalpell der Diät dauerhaft Krieg gegen den eigenen Körper führten. Dabei sei Selbstakzeptanz möglicherweise ebenso hoch zu bewerten wie das Reduzieren von Pfunden und Gesundheitsrisiken, auch aus gesundheitlicher Sicht. In Probleme erst getrieben, die ohne überzogenen Gesundheitsbegriff der WHO und die langjährige Orientierung der Modewelt an superschlanken Models gar nicht bestünden?

„Fit statt fett" − schon dieses Motto wird von einigen als unseriös und diskriminierend empfunden. Statt neuerlicher Entscheidungen über die Köpfe der Betroffenen hinweg wäre die Frage der Ministerien angemessen gewesen, welche Unterstützung sich Übergewichtige seitens der Politik gewünscht hätten. Stigmatisierung sei nun 'mal nicht der Weg, Bürger in gutgemeinte Programme einzubinden. Stattlich und feist also nicht nur Buck Mulligan im Dublin des Jahres 1904, sondern auch weiterhin manches Moppelchen 2008, das sich frustriert in die Lektüre jener Bücher flüchtet, die Mut machen, ein (über-)gewichtiges Leben zu führen. Oder das in den nächsten Imbiss stürzt, aufkommenden Heißhunger unverzüglich zu stillen − manchmal haben es die Bürger einfach ‚dicke', in jeder Beziehung.

In einer medizinischen Betrachtungsweise, die das Zusammenspiel der Risikofaktoren im Blick hat, hat das „Wohlfühlgewicht" keinen Platz. Und wo Verbote − als solche ausgesprochen oder „nur" empfunden − zum Regulativ werden, ist neben Trägheit auch aktiver Widerstand zu erwarten. Das Reaktanzphänomen, ein komplexer Abwehrmechanismus der Psyche, schlägt durch: Wir wollen uns nun einmal nichts wegnehmen lassen, was zuvor genossen wurde und selbstverständlich war – es sei denn, etwas mindestens ebenso Attraktives tritt an seine Stelle. Oder: eine tiefe neue Einsicht. Eine große Aktion in britischen Schulküchen, die u.a. von Jamie Oliver durchgeführt wurde, ersetzte das vermeintlich Gute durch Besseres. Zuvor waren die Briten aufgeschreckt worden durch den flächendeckenden Befund, dass in den Schulen überall der kurze Weg der Kids zu den „Futtertrögen" vor allem zu fettgetränkten Pommes frites führte. Bei Kindern und Jugendlichen gilt es freilich als allgemein akzeptiert, dass Erwachsene regeln, wo die Zielgruppe Regelungsbedarf nicht erkennen würde. Geht es nicht um die Kleinen, liegen die Dinge anders.

„Runter vom Sofa!" – wer wird reagieren?

Wird der Staat, wie da und dort beklagt, mit Aktionen wie dem Fünf-Punkte-Programm zur „Super Nanny" – einer aufdringlich beschützenden Erzieherin, die den Bürger zu seinem eigenen Besten mit Vorschriften und Verboten lenkt? Eine Zeitung argwöhnte, manche Politiker gebärdeten sich tatsächlich, als wollten sie mit dem Pathos der Gerechten von oben aus definieren, was der „verantwortliche, wertvolle Bürger der Zukunft" genießen dürfe und wofür er bestraft werden müsse. Das Wirtschafts-Fachblatt „Economist" spricht in diesem Zusammenhang bereits von einem „soft paternalism", sieht den Geist dieser Denkart schon in der Hamburger Hunde-Verordnung oder dem Rauchverbot in

Kneipen realisiert. Der staatlich sanktionierte „medizinische Blick" auf unseren Alltag vergällt Freuden und verbiestert zweifellos einen Teil der Bevölkerung; was Spaß macht, wird früher oder später auch als bedenklich angesehen, und sei es, dass man zumindest über „die rechte Dosis" streitet.

Vorhang auf: Was kommt wohl nach dem Prolog, was folgt auf die Ouvertüre der beiden Ministerien? Mit Blick auf Gesundheit und Krankheitskosten wird das Menschenbild eines aktiven, ernährungsbewussten Bürgers etabliert. Dass es beim „langen Marsch hin zum Ziel" auch Verlierer oder gar Opfer geben wird, liegt auf der Hand. Ob das bereits Gesundheitstyrannei ist, mag man bejahen oder bestreiten. Allerdings ist – entgegen Seehofers Worten – mehr Druck zu erwarten auf jene, die die höchsten Risiken in sich vereinen. Der Kampf gegen die Fettleibigkeit könnte jedenfalls zum Staatsziel avancieren, wenn das unter der Hand nicht schon geschehen ist.

Die stattliche Figur im Zentrum staatlicher Radikalprävention?

Nicht unkommentiert blieb im Mai 2007 auch der Aufruf der Regierung, jeder Bürger solle 3000 Schritte am Tag zusätzlich gehen. Freiwillig? Das schrie für einen Kritiker förmlich nach notwendiger Bestandsaufnahme, wie viele Schritte denn jeder bisher pro Tag mache. Über eine Schrittdeklaration analog zur Steuererklärung mit Erfassung der Tagesschrittzahl spekulierte er; über eine „Bundesfettagentur" nebst lokalen „Körpergewichtsmeldestellen". Doch im Ernst: Wird es bei unverbindlichen Appellen bleiben oder entschließt sich die politische Führung schon angesichts der Gesundheitsausgaben schrittweise zu einem Kurs der realen Bevormundung? Ganz in diesem Sinne fordert beispielsweise Dr. Thilo Bode, der Geschäftsführer von „Foodwatch", wo der Staat tätig werden könne, müsse er auch tätig werden. Ist das missionarisches Engagement für das „Richtige", das (vermeintlich) Bessere? Einsatz in „deutscher Gründlichkeit", Kontrollwut und Regelungswahn sind nicht gern gesehen, und eine Politik, die an das staatssozialistische Programm Adolph Wagners erinnert oder an Thomas Hobbes' Staatsabsolutismus, der den „Krieg aller gegen alle" verhindern wollte, indem die (immerhin gewählte) Regierung die Dinge für ihre Bürger regelt, wäre auf Anhieb schlecht durchsetzbar. Auch scheint die aktuelle „Transformation des Sozialstaats", die dem Bürger mehr Einsatz für seine Belange zumutet, in entgegengesetzte Richtung zu laufen – es sei denn, wir verstehen sie als große Umverteilung dessen, was die Obrigkeit und was der Einzelne ab sofort zu regeln und zu verantworten habe.

Ein Leben als „Schwerenöter" oder in der „Leichtigkeit des Seins"?

Wer wird künftig (oder schon heute) dem neuen Menschenbild entsprechen, wer eher nicht? Im „Zeitalter der Selbstgestaltung" öffnet Geld den Weg zu Körperkorrekturen, und mit dem eigenen Fitness-Trainer macht zweifellos mehr

Spaß, was andernfalls als Quälerei begriffen wird. Ein Leben zwischen Waage und großflächigem Wandspiegel setzt zum anderen Disziplin, eine gewisse Portion Eitelkeit und Zeit voraus, sich auf dieser Ebene täglich mit sich selbst zu befassen. Spricht der Fitness-Boom eher die Intelligenteren an? Die mit genügend viel Frustrationstoleranz und Durchhaltevermögen, die solche Fähigkeiten schon in Ausbildung und Beruf einsetzen? Die gleichzeitig mehrere langfristige Ziele im Kopf haben und diese parallel mit großer Konsequenz verfolgen können? Das Interesse am persönlichen Wachstum (nicht missverstehen, dieses Mal geht es nicht um mehr Körperumfang, sondern um persönliche Weiterentwicklung!) und starke Leistungsorientierung machen konsequentes Joggen oder Krafttraining gewiss einfacher. Dieselbe Klientel dürfte es schaffen, nicht jedem möglichen kurzfristigen Konsum zum Opfer zu fallen. Begrenzter Eskapismus, Selbstdisziplin, zielorientiertes Handeln, das längst Teil der Person geworden ist, und die viel beschworene „Vernunft": So etwa sieht das Menschenbild aus, das die Politik favorisiert und womit sie wohl in der Bevölkerung ein Gefälle hinnimmt. Von „oben" nach „unten" geht damit der Blick, und diesen zwei Niveaus dürften langfristig die Gratifikationen des sozialen Bonus-Malus-Systems entsprechen. Ein neuer Utilitarismus in Form eines umfassenden Punkteprogramms scheint in nächste Nähe gerückt; wie weit der Weg von dort bis zu einer neuen Form von „Gesundheitspolizei" ist, bleibt abzuwarten.

Zu große persönliche Opfer fordernd, unübersichtlich und widersprüchlich, anstrengend und frustrierend, nicht unmittelbar belohnend sind die „Gesund-Programme" für die einen, wogegen andere rasch bereit sind, Verzicht zu üben oder sich gar zu kasteien. Die neue Hagerkeit, gelebt von Neo-Asketen, opferbereiten Typen, steht hoch im Kurs der Staatslenker; bleibt zu hoffen, dass diese „braven" Bürger darüber nicht zu „unfrohen", verknispelten Naturen werden, wie ein Genussforscher schon vor Jahren befürchtete.

Denkspiele rund um die globale Verschlankung

Die Phantasie der Kritiker (wie die der Kritiker der Kritiker) kennt kaum Grenzen. Zu den aktuell veröffentlichten „Sandkastenspielen" und gedanklichen Szenarien gehört die Idee, Plus- und Minuspunkte für die „richtige" Masse Mensch könnten auch haushaltsbezogen vergeben werden. Statistische Paarbildung wäre eine mögliche Konsequenz: sie mit Unter-, er mit Übergewicht, bei neutral-unverdächtigem Mittelwert. Kleiner Denkfehler dieses Modells: Die erhöhten Risiken für den Mann, bei deutlichem Mindergewicht auch für die Frau, blieben bestehen. Andere Gedanken sind demgegenüber näher an der Realität. Etwa wenn es lautet, dass man auf Vernunft nicht setzen könne und deshalb analog der Zwangsernährung bei Hungerstreik oder dem Hochpäppeln magersüchtiger Patienten ein Programm einzuführen sei, das jemandem ungefragt, sprich: zwangsweise seine Pfunde nehmen kann – mit noch zu diskutierender Methodik. Ist das ganz abwegig? Oder doch eher Ausgeburt einer überlebhaften Phantasie, wie sie auch im folgenden Denkspiel durchschlägt?

Ein extraterrestrischer Besucher könnte beispielsweise 50 Jahre nach seinem letzten Erdbesuch feststellen: Sie sind weniger geworden, die Menschen in Deutschland. Nun streben sie offenbar Ausgleich durch ein Surplus an Pfunden an – als gäbe es eine definierte Gesamtsumme an Körperlichkeit, das Volksgewicht. Um dieses zu halten, legen einige zu, gehen andere zwecks der ‚Feinabstimmung' abends auf's Laufband, greifen zu den Hanteln, damit am Ende eines Tages die Massenmasse stimmt – selbst wenn die genauen Mechanismen, wie wir hierbei so zielorientiert zusammenwirken, noch ungeklärt sind. Ein Summenwert wie das Bruttosozialprodukt, das Bild der virtuellen Bevölkerungswaage? Eine krude Idee.

Gemäß einer anderen Deutung sind wir womöglich alle Teilnehmer eines riesigen Feldexperiments, über das langjährig unser Ess- und Bewegungsverhalten engmaschig untersucht wird, das bittere Ende jedes Einzelnen mitbetrachtet. Auch Ulla und Horst, wenn Sie wissen, wen ich meine, könnten ungefragt Versuchspersonen dieser Studie sein – derzeit übrigens in der Untergruppe derer mit einem BMI zwischen 25 und 30, wenn ich nicht irre. Wer weiß, womöglich exportiert dieses Land anschließend die Erfahrungen der kommenden 13 Jahre, hübsch verpackt in zielgruppengerechte Konzepte. In die USA beispielsweise oder in die neuen reichen Staaten am Persischen Golf. Das wäre übrigens nicht die einzige Möglichkeit, Kapital aus der tatsächlichen oder vermeintlichen „Gewichtskatastrophe" zu schlagen: Bisher hat noch stets jemand daran verdient, wo Produkte oder Dienstleistungen die Antwort auf Desaster oder Zwischenfall waren, auf Krise und Katastrophe.

Eine besondere Kalamität wäre übrigens der durchschlagende Erfolg des großen Aktionsplans: Was, wenn nun alle oder extrem viele „abspecken" und nur zu sich nehmen, was sie auch rasch wieder verbrennen – hätte das nicht Konsequenzen, die die Politik sich gar nicht wünschen kann? Die Frage erinnert an die uneindeutige Haltung der Verantwortlichen auf dem Feld der Krebsfrüherkennung. Jahrzehntelang wurde beklagt, dass nur jede dritte Frau und jeder siebente Mann diese Programme nutzten. Zugleich war klar, dass die Strukturen zusammenbrechen müssten, würden plötzlich alle dazu Berechtigten diese Angebote der Prävention annehmen. Das gilt analog für die Langzeitinitiative „Fitt statt fett". Denn schauen wir auf die genannten Krankheitsfolgekosten, die nach herrschender Anschauung dem Übergewicht und der muskulären Minderaktivität geschuldet sind, müsste bei einem Totalerfolg im Jahre 2020 ein rundes Drittel der Beschäftigten des Gesundheitssystems freigesetzt werden. Auch würden die regelmäßig fastenden Langlebigen die Rentenkassen endgültig ruinieren – vorausgesetzt, eine staatliche Rentenversorgung wäre zu diesem Zeitpunkt nicht ohnehin schon gänzlich aufgegeben.

Persönliche Absage an „Hungerhaken"
und „Pfundskerle"

Nehmen wir angesichts solcher Szenarien und gespeist von ein wenig Menschenkenntnis besser an, statt des Erfolgs bei nahezu allen Schwergewichten gliedert sich die Gesellschaft auch künftig in zwei Gewichtsklassen, die unterschiedliche Privilegien genießen. Unbeachtet bisher blieb in meinen Betrachtungen eine Politik, die nicht nur auf die Kosten starrt, sondern meine langfristige Leistungsfähigkeit und gar mein Glück im Blick hat. Die Bundesregierung als fürsorgliche, an mir interessierte Instanz? Nein, Vater Staat kann gar nicht mein (!) Bestes wollen, ist er doch allen Bürgern und damit einem Ausgleich der Interessen verpflichtet. Ich kenne nur einen einzigen Menschen, dem mein persönliches Wohl am Herzen liegt wie das keines anderen Menschen. Wer also, wenn nicht ich, sorgt umfassend und vorausschauend für mich? Eigenverantwortung ist gefragt, und die übernehme ich gerne: Die Regie für die mir verbleibenden Jahre liegt bei mir. Und ein Staat, den ich dabei möglichst wenig spüre, ist mir bei diesem besonderen „Projekt Leben" der liebste.

Haben Sie bei der Lektüre dieser Seiten darüber spekuliert, wie es wohl um meine Körperfülle bestellt sein mag, um meine Fitness, um persönliche Risikofaktoren? Dann danke ich für so viel Interesse. Und oute mich: zähle weder zu den „Hungerhaken", noch zu den „Schwergewichtlern". Mittlerweile 57 Jahre alt, beträgt mein BMI derzeit exakt 25. Körperfettanteil: unbekannt. Vielleicht nicht stattlich, aber auch nicht feist. Im Rahmen einer Benefizaktion legte ich nach entsprechendem Training vor kurzem 200 Kilometer mit dem Rad zurück – an einem einzigen Tag, in hügeliger Landschaft durch 79 Weinorte fahrend, und dies bei Nachmittagstemperaturen um die 30° C. Nein, der Aufruf, zusätzliche 3000 Schritte zu tun, muss an mir vorbeigehen. Mein Fall wirft allerdings die Frage auf, ob nicht individuelle Ziele und deren der Person angepasste Umsetzung wichtig wären, wo eine universal gestaltete Präventionspolitik in Rat und Tat eine wesentliche Erkenntnis ignoriert: dass wir Menschen ungeachtet persönlicher Umstände zwar denselben Naturgesetzen unterliegen, doch zugleich überraschend viel Variation in Körper und Psyche aufweisen. Was es so bedeutsam macht, individualisierte Programme in den Blick zu nehmen, auch in Prävention und Gesundheitsförderung.

Eugen Maus

Schöne neue durchgegenderte[1] Welt!
Anspruch und Realität der Gender-Mainstreaming-Ideologie

Deutschland hinkt hinterher

Selbst bei engster Auslegung stammt ca. die Hälfte aller Einträge im Internet zu *„Gender Mainstreaming"* (immerhin ein englischsprachiger Begriff) aus Deutschland, beschränkt man die Suche auf deutschsprachige Seiten, dann sogar weit mehr als

---

1   Gitta Trauernicht, frühere niedersächsische Sozialministerin, seit 2005 Sozialministerin in Schleswig-Holstein, bezeichnete am 26. November 2002 in einer öffentlichen Veranstaltung in Bad Iburg Gender Mainstreaming als „etwas Frauenspezifisches" und rief den Teilnehmerinnen zu: „Jetzt wird durchgegendert!" Quelle: Kloweit-Herrmann, Manfred, 2004, Gender Mainstreaming. Eine Untersuchung zur Geschlechtergerechtigkeit in der Polizei Niedersachsen, >http://deposit.ddb.de/cgi-bin/dokserv?idn=972142746<.

die Hälfte. Deutschland ist Papst und Weltmeister – im *Gender Mainstreaming*!

Dieses Programm (im folgenden kurz GM genannt) wird maßgeblich vertreten von einem Ministerium, das eine gleichermaßen kryptische und problematische Bezeichnung trägt, dem BMFSFJ (Bundesministerium für Familie, Senioren, Frauen und Jugend). Erkennbar kommen weder in der Amtsbezeichnung noch in den Programmen des Ministeriums Männer nennenswert vor, was auch die spielerische Anwendung der Suchfunktion auf dessen Internetseite grob bestätigt: „Männer" unter Ausschluss von „Frauen" führt zu 43 Treffern, „Frauen" unter Ausschluss von „Männer" zu ca. 2263 Treffern. Auch beim Personal sind Frauen im BMFSFJ weit überrepräsentiert. Auf der Funktionsebene der Referentinnen und Referenten ist der Frauenanteil 71%, ein Missverhältnis, das noch weit stärker für das Programm GM gilt.

Aber, so die Ministerin (für alles, außer für Männer) von der Leyen: „Mit Gender Mainstreaming hinken wir der internationalen Entwicklung hinterher." Optimistisch könnte man ihre Feststellung als Kritik an einem überholten Konzept deuten, aber natürlich meint sie, es müsse noch viel mehr (für Frauen) getan werden. Definitiv hinkt Deutschland mit der Gleichberechtigung von Männern hinter der internationalen Entwicklung her. Fast alle unsere europäischen Nachbarn haben inzwischen den Zwangsdienst für Männer (beim Militär) abgeschafft. Aber die einseitige Wehrpflicht, zynisch als „allgemeine Wehrpflicht" bezeichnet, gilt nicht als „bestehender Nachteil", auf dessen Beseitigung der Staat hinzuwirken hat.[2]

Historisch leitet sich die sperrige Bezeichnung aus einer Forderung des Weltfrauentages in Peking 1995 ab: "mainstreaming a gender perspective in all policies and programmes", also etwa: „einen geschlechtersensiblen Blickwinkel in das politische Handeln einbringen". Theoretisch könnten also auch Probleme von Männern Gegenstand sein, aber de facto ist GM – sowohl von der historischen Entstehung her als auch in der tagesaktuellen Umsetzung – ein feministisches Programm zur Umgestaltung unserer Gesellschaft. GM wurde von Feministinnen initiiert, und es wird maßgeblich durch Feministinnen abgewickelt. In seinem Beitrag „*Gender mainstreaming* – Politische Geschlechtsumwandlung"[3] benennt Volker Zastrow Funktionärinnen wie die ehemalige EU-Kommissarin Diamantopoulous, Lobbyistinnen wie Barbara Helfferich oder Lissy Gröner. Verdienstvoll auch sein Hinweis auf die personellen Überschneidungen zwischen Genderinnen und lesbisch-feministischer Szene, die aus leichtfertiger „political correctness" sonst meist verschwiegen oder naiv

---

2   Mit der am 15.11.1994 in Kraft getretenen Verfassungsreform wurde Art. 3 Abs. 2 GG – "Männer und Frauen sind gleichberechtigt" – durch folgenden Satz ergänzt: "Der Staat fördert die tatsächliche Durchsetzung der Gleichberechtigung von Frauen und Männern und wirkt auf die Beseitigung bestehender Nachteile hin."
3   Eine überaus lesenswerte Analyse zu Entstehung und Dynamik des GM-Konzepts, s. Literaturhinweis am Textende.

zur Privatsache erklärt werden. Die gleichgeschlechtliche Orientierung maßgeblicher Feministinnen wie Alice Schwarzer oder Lissy Gröner ist mitnichten eine lediglich sexuelle Orientierung auf Frauen, sondern mindestens ebenso eine männerablehnende bzw. männerfeindliche.

Gewiss, es gibt auch Männer, die sich in den Dienst dieser Idee stellen, z.B. Vladimír Špidla[4], derzeit EU-Kommissar für Beschäftigung, soziale Angelegenheiten und Chancengleichheit, oder die Mehrheit der Parteifunktionäre von Bündnis 90/Grüne, die sich selbst ein Frauenstatut[5] verordnet haben, das einer politischen Selbstkastration gleichkommt, oder hunderte von Männern, die eine neue berufliche Perspektive für sich entdeckt haben, als Reisende in Sachen GM-Expertise. Letztlich sind sie bedeutungslos. Der GM-Zug ist abgefahren, und er fährt auch ohne sie weiter. Ich werde deshalb im folgenden nur von Feministinnen, GM-Befürworterinnen oder einfach „Genderinnen" sprechen und die beteiligten Männer ihrer Bedeutung entsprechend einfach darunter subsumieren.

Um GM zu legitimieren, werden arabeske Begründungskaskaden angeboten (z.B. in Wikipedia, unter dem Schlagwort „Rechtliche Grundlage des Gender Mainstreamings"): „Sowohl im internationalen Recht als auch im nationalen Verfas-

---

4   „Herr Spidlas Gespür für Frauen": >http://www.manndat.de/index. php?id=497<.
5   >http://www.gruene.de/cms/default/dok/15/15336.das_frauenstatut_von_buendnis_90die_grue.htm<.

sungsrecht und in Bundesgesetzen in Deutschland ist aktive Gleichstellungspolitik verankert, die im Sinne des Gender Mainstreaming interpretiert wird. Verpflichtungen zur Umsetzung einer aktiven, effektiven Gleichstellungspolitik im Sinne des Gender Mainstreaming ergeben sich zum Teil sowohl aus internationalem Recht als auch aus Deutschlands nationalem Verfassungsrecht."

Das ist feministische Propaganda, die natürlich auch das offene Internetlexikon Wikipedia infiziert hat. Im Grundgesetz sei die Gleichstellung von Mann und Frau ausdrücklich im Artikel 3 vorgeschrieben. Das ist falsch bzw. willkürliche Interpretation. Von Gleichstellung ist dort keine Rede, noch nicht einmal in der auf Druck von Frauenverbänden zustande gekommenen „Nachbesserung" (Verfassungsreform 1994): „Der Staat fördert die tatsächliche Durchsetzung der Gleichberechtigung von Frauen und Männern und wirkt auf die Beseitigung bestehender Nachteile hin."

Mit dieser „Reform" wird der Ursprungsgedanke der Gleichberechtigung korrumpiert, ein Erbe der französischen Revolution. Dort ging es vor allem darum, die Privilegierung einer politischen Kaste zu beseitigen. Aber mit der Erweiterung des Art. 3, Abs. 2 wird Gleichberechtigung dahingehend umgedeutet, dass die Bürger nicht mehr gegenüber dem Staat und seinen Organen gleichberechtigt sind, sondern untereinander, wie die Einbeziehung „bestehender Nachteile" deutlich werden lässt. Die Staatin, eine neue privilegierte politische Kaste, stiehlt sich hier in die Rolle der großzügigen Garantin und praktiziert eine Art Refeudalisierung. Durch willkürliche Gesetzesinterpretation schafft sie eine Situation, in der sich die Bürger gegenseitig auf den Teller schielen und sich um die Subventionsbrosamen streiten sollen, die von der Herrinnen Tische fallen.

Ex- und Importschlager Frauenförderung

Bereits 1994 gab es in Deutschland das erste Frauenförderungsgesetz, eigentlich eine viel verbindlichere und weiter reichende Vorschrift als GM. Auf internationaler Ebene besteht zwar bereits seit 1976 die lobbyistische Plattform UNIFEM (Entwicklungsfonds der Vereinten Nationen für Frauen), mit dem Ziel, Frauenförderung weltweit zu etablieren, zu finanzieren und zu forcieren. Aber erstmals im Forderungskatalog des Weltfrauentages von 1995 in Peking tauchte die Formel: "mainstreaming a gender perspective ..." auf, unter maßgeblicher Mitwirkung deutscher Feministinnen natürlich. Dies war zunächst nur eine – rechtlich unverbindliche – Empfehlung an die UN-Versammlung, aber eher eine Formsache, da die Weltfrauenkonferenz schließlich von der UN veranstaltet wird, d.h. durch die feministische Lobby ebendort. Die UN-Versammlung im gleichen Jahr hat folglich diese „Aktionsplattform", ein Forderungskatalog von 361 Punkten *„adopted without vote"* (ohne Abstimmung angenommen).

Die EU, wiederum mit maßgeblicher Unterstützung deutscher Feministinnen, übernimmt 1999 ihrerseits und legt fest: „Aufgabe der Gemeinschaft ist es, durch die Errichtung eines Gemeinsamen Marktes und einer Wirtschafts- und Währungsunion sowie durch die Durchführung der in den Artikeln 3 und 4 genannten gemeinsamen Politiken und Maßnahmen in der ganzen Gemeinschaft [...] die Gleichstellung von Männern und Frauen [...] zu fördern" (Artikel 2 des Amsterdamer Vertrags).

Auf dem Weg über die EU kommt also die weltweite „Frauenförderung" unter dem Namen „Gender Mainstreaming" zurück nach Deutschland in die frauenministeriale Bürokratie, wo sie zunächst als „Doppelstrategie" verkauft wird. "Um dieses Ziel zu erreichen haben sich zwei zentrale Politikkonzepte etabliert: Die Frauenförderung und Gender Mainstreaming. Beide Konzepte verstehen sich als Querschnittsaufgabe. Frauenförderung richtet sich in den Bereichen, in denen nachweislich die Gleichberechtigung von Frauen noch nicht erreicht wurde, speziell an Frauen. Frauenförderung ist Politik für Frauen. Gender Mainstreaming hingegen richtet sich an Männer und Frauen und hat zum Ziel, im Vorfeld von Entscheidungen und Maßnahmen darauf hinzuwirken, Chancengleichheit zu verwirklichen. Gender Mainstreaming ist Politik für Frauen und Männer." [6]

Aber was nun geschieht, ist symptomatisch für die Geschlechterpolitik und lässt selbst die düsteren Szenarien Kafkas zu heiteren Boulevardkomödien verkommen, was

---

6   z.B. hier: >http://www.lakog.uni-Stuttgart.de/menue_oben/lakog/beschluesse_resolutionen/2005/bewertung/index.html<.

von Karin Nungeßer vom Deutschen Frauenrat hingegen euphemistisch und völlig ironiefrei als „produktives Rechts-Chaos" bezeichnet wird.[7]

Aus Frauenförderung wird Gleichstellung

Der Begriff Frauenförderung schien wohl doch zu offensichtlich parteiisch, so dass „Frauenfördergesetze" der Länder schließlich wieder umgelabelt wurden in „Chancengleichheitsplan" oder ähnliche Worthülsen. So auch das 2001 verabschiedete Bundesgleichstellungsgesetz. Exemplarisch für diesen Etikettentausch das „Gesetz zur Verwirklichung der Chancengleichheit von Frauen und Männern im öffentlichen Dienst des Landes BW ..." von 2005.[8]

„I. Das Landespersonalvertretungsgesetz ist ... wie folgt geändert worden: 1. In § 34 Abs. 2 Satz 4 und Abs. 3 Satz 1 wird jeweils das Wort „Frauenvertreterin" durch die Worte „Beauftragten für Chancengleichheit" ersetzt. d) In Nummer 16 wird das Wort „Frauenförderplans" durch das Wort „Chancengleichheitsplans"ersetzt" usw. Danach kommt nur noch Klartext: „§17 (1) Wahlberechtigt sind alle weiblichen Beschäftigten der Dienststelle ... (2) Wählbar für das Amt der Beauftragten für Chancengleichheit und der Stellvertreterin sind die weiblichen Beschäftigten der Dienststelle."

---

7   >http://www.frauenrat.de/ Ausgabe 4/2008<.
8   >http://mwk.baden-wuerttemberg.de/fileadmin/pdf/ministerium/BfC/ ChancenG_Gesetzblatt.pdf<.

Ganz analog das erste Frauenfördergesetz des Bundes von 1994 für alle im öffentlichen Dienst beschäftigten Frauen. In der Neufassung von 2001 wurde es zum Bundesgleichstellungsgesetz umgefärbt. Aus „Frauenförderplan" wurde „Gleichstellungsplan" und „Frauenbeauftragte" wurden nunmehr „Gleichstellungsbeauftragte". Entlarvend, fast schon amüsant: Selbst Kommentatorinnen[9] wie Dagmar Schiek, Heike Dieball u.a. machen daraus ungeniert wieder Klartext: „Frauengleichstellungsgesetze des Bundes und der Länder" betiteln sie ihr Buch. In erfrischender Offenheit dazu Wellner selbst: „Der Gesetzgeber hat das Frauenfördergesetz des Bundes umfassend novelliert und es in ein echtes „Quotierungsgesetz" umgewandelt." Deutlicher geht es nicht. Und fast noch am besten: „Der Gesetzgeber hat novelliert…" Dieser feministische Coup wird auch noch dem Gesetzgeber unterschoben. Analog zur Umetikettierung der Frauenfördergesetze in Gleichstellungsgesetze vollzieht sich die Verbrämung des GM zur Gleichstellungspolitik.

---

9 Quelle: Ute Wellner. Rezension vom 13.05.2003 zu: Dagmar Schiek, Heike Dieball, Inge Horstkötter u.a.: Frauengleichstellungsgesetze des Bundes und der Länder. Bund-Verlag, 2002, >http://www.socialnet.de/rezensionen/482.php<.

Aus Gender-Mainstreaming wird Gleichstellungspolitik

„Im internationalen Raum hat sich für einen solchen alle Handlungsfelder umfassenden vorausschauenden Ansatz der Gleichstellungspolitik der Begriff des Gender Mainstreaming etabliert. Wir übersetzen ihn mit Gleichstellungspolitik als Querschnittsaufgabe."[10] Oder eine Mitteilung von 2006 ebenda: „Eine Neuausrichtung der Gender- Mainstreaming-Konzeption soll Gleichstellungspolitik als präventiv ausgerichtetes Vorgehen attraktiver ausgestalten und so zu einer wirklichen Erfolgsstrategie machen."

Oder auch: „Wir verstehen Gender Mainstreaming als Gleichstellungspolitik für Frauen und Männer." „Sowohl im internationalen Recht als auch im nationalen Verfassungsrecht und in Bundesgesetzen in Deutschland ist aktive Gleichstellungspolitik verankert, die im Sinne des Gender Mainstreaming interpretiert wird." Da wird erstaunlich viel neu ausgerichtet, interpretiert, übersetzt. Hat der Bundestag je über die „Gender-Mainstreaming-Konzeption" *abgestimmt* oder gar über deren „Neuausrichtung, Interpretation oder Übersetzung" im Sinne einer Gleichstellungspolitik? Müßige Frage ...

Wir fassen zusammen: Frauenförderung wurde zur Gleichstellung umbenannt. GM wird als Gleichstellung interpretiert. Darf

---

10 >http://www.bmfsfj.de/bmfsfj/generator/Politikbereiche/gleichstellung,did=88068.html<.

man schlussfolgern, dass somit GM gleich Frauenförderung ist? Ja, man darf. GM ist der durchsichtige, aber erfolgreiche Versuch, eine weitere Schiene der Frauenförderung zu installieren. Es gibt keine nennenswerten Programme, Chancengleichheit auch für Männer herzustellen oder wenigstens solche, bestehende Benachteiligungen abzubauen. Dazu stellt Bruno Köhler, Vorstandsmitglied von MANNdat e.V., die rhetorische Frage: „Ist Gender Mainstreaming wirklich eine Geschlechterpolitik für Frauen UND Männer?" und belegt an 30 Punkten, „dass Gender Mainstreaming in Deutschland als reines Frauenfördermittel funktionalisiert wird".[11] Er hätte sich die Arbeit sparen können. Die österreichische Landesfrauenbeauftragte, Helga Grafschafter „... könnte selbst eingefleischten Machos erklären, was Gender Mainstreaming will: Dafür sorgen, dass keine Frau benachteiligt wird, weil sie eine Frau ist!"[12]

Ein zweiter, fast noch wichtigerer Aspekt. Bislang ist es trotz fortgesetzter, aggressiver Versuche noch nicht gelungen, die Frauenförderung/Gleichstellung für die Privatwirtschaft verpflichtend zu machen. GM, wiewohl nicht gesetzlich legitimiert, bietet grundsätzlich aber die Möglichkeit, noch in die letzte Hinterstube der Republik mit politischen Umerziehungsmaßnahmen hineinzuregieren. Vor diesem Hintergrund sind auch die dauernden Versuche zu sehen, dem GM als einer ver-

---

11   >http://www.manndat.de/index.php?id=75<.
12   beim Chancengleichheits-Kongress 2007 in Velden (Österreich), nach einem Bericht der Kleinen Zeitung, Steiermark.

allgemeinerten Form der Frauenförderung, im nachhinein, vorbei am Souverän, eine grundgesetzliche Legitimation zu verleihen.

Ein solcher Versuch wird aktuell z.b. hier erkennbar: „Bundesministerin Ursula von der Leyen startet in Berlin die erste bundesweite Kampagne FRAUEN MACHT KOMMUNE für mehr Frauen in der Kommunalpolitik. ... Inhaltlich knüpft die Aktion an die Jubiläen „90 Jahre Frauenwahlrecht" in diesem und „60 Jahre Gleichstellungsartikel im Grundgesetz" im nächsten Jahr an."[13] Es gibt aber keinen Gleichstellungsartikel im Grundgesetz, schon gar nicht seit 60 Jahren. Art. 3 Abs. 2, 1 GG lautet: „Männer und Frauen sind gleichberechtigt" und selbst die Erweiterung von 1994 (Art. 3 Absatz 2, 2) lautet lediglich: „Der Staat fördert die tatsächliche Durchsetzung der Gleichberechtigung von Frauen und Männern und wirkt auf die Beseitigung bestehender Nachteile hin." Genderinnen könnten ebenso gut behaupten, Frauenförderung oder Männerumerziehung sei dort vorgeschrieben. Und tatsächlich tun sie genau dies, bei näherer Betrachtung.

Es ist jedenfalls belanglos, wovon wir reden, von „Frauenfördergesetz" (z.B. Sachsen-Anhalt), „Gesetz zur Gleichstellung der Frauen im öffentlichen Dienst" (z.B. Schleswig-Holstein), „Gleichberechtigungsgesetz" (z.B. Niedersachsen), „Landesgleichstellungsgesetz" (z.B. Rheinland-Pfalz), „Bundesgleichstellungsgesetz – BgleiG" oder eben auch Gender Mainstrea-

---

13   >http://www.frauen-macht-kommune.de/<.

ming. Wir können uns also die gleiche Freiheit nehmen wie die derzeitige Bundesfrauenministerin und synonym von Frauen- förderung, Gender-Mainstreaming oder Gleichstellung spre- chen.

Umerziehung und Machterwerb

Eine zentrale Rolle spielt beim GM der Umerziehungsas- pekt. Das BMFSFJ: „Gleichstellungspolitik ist ein eigen- ständiges Politikfeld des Bundesministeriums für Familie, Senioren, Frauen und Jugend. Sie zielt darauf, mehr Ge- rechtigkeit zwischen den Geschlechtern zu erreichen. Und mehr Freiheit für Frauen und Männer, ihr Leben nach eige- nen Vorstellungen zu gestalten."

Da offenbart sich ein wirklich groteskes Verständnis von Freiheit! Offenbar brauchen Frauen und Männer ein „eigen- ständiges Politikfeld des Bundesministeriums für Familie, Senioren, Frauen und Jugend, um ihr Leben nach eigenen Vorstellungen zu gestalten". Das Elterngeld, verknüpft mit einem „Zwangdienst" für Männer, ist z.B. so ein Versuch, Männer und Frauen mehr Freiheit zu geben, ihr Leben „nach eigenen Vorstellungen zu gestalten." oder im Klartext: in ihr Leben hinein zu regieren.

Diese Attitüde wird auch hier erkennbar: An der Humboldt- Universität Berlin finanziert das BMFSFJ ein Gender Kom- petenz Zentrum. Direktorin Susanne Baer in einem eher bei- läufigen, konjunktivischen *„aperçu"*: GM und/oder

Männerpolitik:[14] „Eine gleichstellungsorientierte Männerpolitik müsste in der Lage sein, den strukturellen Kern gesellschaftlicher Veränderungen anzusprechen, von dem viele Männer bis heute in Form von Macht und Geld profitieren. Rollenzwänge und männliche Privilegien sind nämlich eng miteinander verwoben, so dass eine Lösung aus männlichen Stereotypen ohne die Überwindung gesellschaftlicher Ungleichheiten eher unwahrscheinlich scheint. Hierzu müsste gleichstellungsorientierte Männerpolitik stärker als bisher Machtfragen im Geschlechterverhältnis thematisieren."

Falls wir bis jetzt noch nicht wussten, worum es bei GM/Gleichstellung geht, so können wir es spätestens hier, etwas verschwurbelt zwar, aber noch eben dechiffrierbar lesen: Männer sollen ihre Macht und ihr Geld an Frauen abgeben! Glücklich die vielen Männer, die so glühend um Geld und Macht beneidet werden. Aber rechtfertigt Baers Binsenweisheit die Millionen für ein Genderkompetenzzentrum? Jutta Limbach war deutlicher: „Was wir wollen ist Macht – Macht für Frauen!" verkündete sie 1994 in einer Rede vor Studentinnen der FU Berlin. Wer ist Jutta Limbach? Sie ist natürlich eine Feministin. Und sie war oberste Verfassungsrichterin in Deutschland.

---

14   >http://www.genderkompetenz.info/gendermainstreaming/strategie/
maennerpolitik/<.

Benachteiligungen – Grundpfeiler des GM

GM wird also gerechtfertigt mit dem Satz „auf die Beseitigung bestehender Nachteile hinwirken" im Art. 3 Abs. 2, 2 GG. Hier ist die neue Richtung vorgegeben, und die „Benachteiligungen" werden damit zu einer Frage von Diskurshoheit und Definitionsmacht, was durch die Praxis des GM bestätigt wird. Dass Frauen Kinder gebären können, gilt als „strukturelle Benachteiligung", die auszugleichen ist. Weder der Zwangsdienst von Männern (beim Militär) gehört dazu, noch die Beschäftigung von Männern in Todesberufen, noch die weitaus höhere Zahl von männlichen Obdachlosen.

Als aktuelles Beispiel für die völlig einseitige Ausrichtung von GM, das Thema „häusliche Gewalt", eine der tragenden Säulen feministischer Benachteiligungsrhetorik. Die Journalistin Sonja Vucovic schreibt in einem Beitrag auf Spiegel-Online:[15] „1976 eröffnete das erste Frauenhaus – inzwischen sind es mehr als 400 bundesweit. Sie alle werden staatlich gefördert und für die Gesellschaft ist der Schutz von Frauen vor häuslicher Gewalt durch die Solidargemeinschaft längst selbstverständlich. Aber ein ‚Männerhaus' fördern? So etwas sei ‚angesichts endlicher Haushaltsmittel nicht gerechtfertigt', erklärt Andreas Aumann, Pressereferent im Bundesfamilienministerium."

---

15   >http://www.spiegel.de/panorama/0,1518,552331,00.html<.

Arne Hoffmann, Medienwissenschaftler und Journalist, schreibt in seiner regelmäßigen Kolumne für die Zeitschrift „eigentümlich frei":[16] „Dass für 400 Frauenhäuser Geld da ist, aber sobald die andere Hälfte der Opfer ihren Bedarf anmeldet, jegliche finanzielle Aufwendung als „nicht gerechtfertigt" gilt, das ist nun mal die Folge davon, dass es in Deutschland ein Frauenministerium gibt und kein „Männerministerium" oder „Ministerium für Geschlechter und Generationen". Jegliche Behauptung, das Ministerium verstünde sich ja auch als Familienministerium und sei insofern gleichermaßen auch für die Angehörigen des männlichen Geschlechtes da, entpuppt sich vor diesem Hintergrund einmal mehr als dreiste Lüge."

Die vom Europäischen Rat in Lissabon 2000 beschlossene Lissabon-Strategie war Wasser auf die Mühlen der Genderinnen. Ein Teilaspekt ist dort die Erhöhung der Erwerbsquote von Frauen. Die eher zögerliche Haltung[17] deutscher Frauen, sich zuhauf in Vollzeiterwerbstätigkeit zu stürzen, erscheint nachgerade als willkommenes Argument, Frauen durch spezifische Förderung und durch Quoten gezielt zu bevorzugen. Das hat dann zu gelten, solange Frauen noch nicht zu 50 % in Führungsetagen von Politik und Wirtschaft

---

16   >http://www.ef-magazin.de/2008/07/26/470-frauenhaeuser-zweifelhafte-staatsfinanzierung<.

17   „Fast die Hälfte des weiblichen Geschlechts akzeptiert [...] althergebrachte Rollenmuster. Der Rhetorik der Gleichstellung steht eine verblüffende Unbeweglichkeit im tatsächlichen Handeln gegenüber." Th. Gesterkamp in Männerforum 20/99.

vertreten sind und ist nichts als feministische Mengenlehre. Ob die Mehrheit der Frauen das anstrebt, ist unerheblich. Dass Frauen nicht ausreichend im Erwerbsleben repräsentiert sind, wird als Folge zu überwindender patriarchalischer Strukturen dargestellt.

Der Einfallsreichtum der Genderinnen ist groß. Lohndiskriminierung, geringere Präsenz von Frauen in Vorstandsposten, patriarchalische Zwänge, die Frauen zur Hausarbeit oder Prostitution zwingen, männliche Seilschaften, die sie am Aufstieg in Machtpositionen hindern, Diskriminierungen von Frauen durch geile Männerblicke,[18] gebrochene Erwerbsbiographien ... dieser Hydra wachsen ständig neue Köpfe.

Netzwerke und Seilschaften

Mit der gesetzlichen Etablierung von Frauenbeauftragten, mit Hilfe von Quoten und der so genannten positiven Diskriminierung wurden Goldgräberzeiten für Feministinnen eingeläutet. Qualifikation, Leistung, Karrierekontinuität bemaßen sich offensichtlich an einem einzigen Kriterium, wie es fol-

---

18   Nach einem Beschluss des EU-Parlaments sollen „Aufklärungsaktionen gegen sexistische Beleidigungen und entwürdigende Darstellungen von Frauen und Männern in der Werbung konzipiert werden." Ein Mann der von seiner Frau mit einem Otto-Katalog niedergeschlagen wird, ein Mann in New-Yorker-Jeans, dem eine Frau in die Eier tritt, ein Mann, der an einem Hundehalsband durch die Münchener Arcade Einkaufszone geführt wird ... Viel zu tun für Genderinnen. Mehr dazu: >www.maskulist.de/Werbung/FemiWerb.htm<.

gende Bekenntnis illustriert: Elke Ferner, stellvertretende Fraktionsvorsitzende der SPD im Bundestag: „Als ich 1994 im Bundestag zum ersten Mal in den Fraktionsvorstand gewählt worden bin, kamen die Frauen im Vorstand alle aus dem Bereich der Gleichstellungspolitik. Wir konnten uns blind Bälle zuspielen."[19]

Mit geradezu verdächtiger EU-Hörigkeit stürzen sich seither Heerscharen auf die Subventionsmilliarden, die dafür bewilligt werden. In anderen Fragen kann von EU-Folgsamkeit leider keine Rede sein. Mehrfach hat der EU-Gerichtshof Deutschland schon wegen der erschreckenden Praxis von Jugendämtern und Familiengerichten in Sorgerechts- und Umgangsfragen zu Lasten von deutschen Vätern gerügt und Besserung verlangt – bislang folgenlos.

Die feministische Benachteiligungsrhetorik bedarf eines besonders förderlichen Biotops. Es konstituiert sich aus einem schier unübersehbaren Netzwerk von Frauenverbänden,[20] der GFMK (Gleichstellungs- und Frauenministerkonferenz), der Arbeitsgemeinschaft der kommunalen Frauen- und Gleichstellungsbeauftragten von ca. 1900 Frauenbeauftragten, weiteren Frauenbeauftragten auf regionaler, überregionaler und Bundesebene in Behörden, öffentlich-rechtlichen Organisationen, wie Rundfunk- und Fernsehanstalten, in

---

19 >www.berlinonline.de/berliner-zeitung/archiv/.bin/dump. fcgi/2008/0829/politik/0005/index.html<.
20 >www.frauenrat.de/ s. Mitglieder<.

Parteien, Gewerkschaften, Justiz, zehntausenden von Frauenbeauftragten in Schulen und Universitäten, aus Netzwerkerinnen wie dem Deutschen Juristinnen Bund, dem Bund deutscher Akademikerinnen, Verband deutscher Unternehmerinnen, den Medienfrauen, dem Deutschen Frauenrat „Dachorganisation für rund 11 Millionen Frauen", aus Politikerinnen jeglicher Couleur, z.b. der Arbeitsgemeinschaft sozialdemokratischer Frauen, und vielen mehr.

Prominentes Beispiel für diese Netzwerke aus berufenem Munde: „Das Karrierehaus der Anne Will stützt sich mit Pressesprecherin, Regisseurin, NDR-Redakteurin vorwiegend auf Frauen. ... Will geht regelmäßig zum Journalistinnen-Stammtisch in Berlin, den Alice Schwarzer und Sabine Christiansen ins Leben riefen. Ihre enge Freundin, Medienwissenschaftlerin Miriam Meckel, ist Mitarbeiterin eines Beratungsbüros – mehr Netzwerk geht nicht. „Es ist mir wichtig, Frauen zu fördern, und wenn ich das an manchen Stellen kann, freut mich das." Warum diese Ambition? „Weil ich allzu oft Geschichten höre, wo Männer sich über ihre Männerbündelei gegenseitig in Positionen hieven, für die sie im Zweifel gar nicht geeignet sind."[21]

Anne Will, Alice Schwarzer, Miriam Meckel, drei Feministinnen und Lesben zugleich in einem Abschnitt – mehr Netzwerk geht wirklich nicht. Sollte jemand dem Verfasser eine Verschwörungstheorie unterstellen, so möge sie sich ein-

---

21   in: Hörzu, Heft 37/2007.

fach die Mühe machen, die Fakten nachzurecherchieren. Es ist alles öffentlich – Internet sei Dank. Die mit Häme bedachten „Männerseilschaften", die „Männerbündelei", ein Kleingartenverein dagegen! Ein auch nur annähernd gleichwertiges Netzwerk, das die Interessen von Männern (als Männern) zum Gegenstand hat, gibt es nicht.

In diesem Netzwerk spielen sich die Funktionärinnen, Journalistinnen, Politikerinnen, Gewerkschafterinnen gegenseitig die Bälle zu. So entsteht Diskurshoheit über die zu behandelnden Themen (z.B. Gewalt gegen Frauen, Lohndiskriminierung von Frauen) und so entsteht Definitionsmacht über die verordnete Sichtweise (z.B. Männer sind Täter – Frauen sind Opfer). Es entsteht eine in Geschlechterfragen gleichgeschaltete Medien- und Politiklandschaft, in der die Wahrheit auf den schnellsten Pferden die Lüge nicht einholen kann. Die Netzwerkerinnen können innerhalb von wenigen Tagen die Republik mit Propaganda fluten, und sie tun es.

Es ist kein Zufall, sondern dem beständigen Wirken dieser Netzwerke geschuldet, wenn kein Tag vergeht, an dem nicht in irgendeiner Zeitung, einer Radio- oder Fernsehsendung „ewige feministische Wahrheiten" auftauchen. Zur Illustration sei das Dauerthema der angeblichen Lohndiskriminierung von Frauen erwähnt. Ministerin von der Leyen in einer Rede am 8. März 2007 im Deutschen Bundestag: „Aber es hilft auch, auf die nüchternen Zahlen zu schauen. Beispielsweise: ...die Einkommensunterschiede, wonach Frauen noch immer nur 77 Prozent des männlichen Einkommens verdienen, wohlbemerkt für gleiche Arbeit..." Die geschlechterpolitische Initiative Manndat e.V.[22] fragte nach. Denn EU-Kommissar Spidla hatte in seiner jüngsten Bilanz festgestellt: „Direkte Lohndiskriminierung', also ungleicher Lohn für gleiche Arbeit sei in der EU fast ganz verschwunden."

Das Ministerium antwortete überraschend prompt und fasste zusammen: „Die in der von Ihnen zitierte Rede vom 8. März 2007 enthaltene Aussage von Frau Ministerin von der Leyen, dass „Frauen noch immer nur 77 % des männlichen Einkommens verdienen, wohlbemerkt für gleiche Arbeit" ist daher in dieser Form nicht richtig und missverständlich, auch wenn er sich in den Medien oft so oder ähnlich findet. Wir haben die Rede daher aus dem Netz genommen und danken Ihnen für diesen Hinweis." Das klingt einsichtsvoll. Aber es täuscht. Die Litanei steht jetzt einfach auf einer anderen Subseite:[23] "Frauen ... dürfen nicht länger schlechter bezahlt werden." ... „Bislang sind diese Ziele nicht erreicht: Frauen verdienen durchschnittlich nur 78 Prozent des Einkommens von Männern – bei gleichwertiger Arbeit."[24]

---

22   >www.manndat.de<.

23   >http://www.bmfsfj.de/bmfsfj/generator/Politikbereiche/Gleichstellung/frauen-und-arbeitswelt.html<.

24 Von der Leyens Vorgängerin, Renate Schmidt, 2003: „Frauen verdienen ja nicht weniger: bei gleicher Tätigkeit, gleicher Qualifikation und gleicher Berufserfahrung wird es sehr schwer nachzuweisen sein, dass es tatsächlich in nennenswertem Umfang (von Einzelfällen abgesehen) eine ungleiche Bezahlung gibt. [...] Ansonsten ist Lohndiskriminierung auch heute schon bei uns verboten."

Mehr Geld und Macht

Das Bundesgleichstellungsgesetz von 2001, sowie die auf Länder- und kommunaler Ebene schon länger existierenden Gesetze sind im Grunde lediglich „hausinterne" Anweisungen, die Politik und Administration bislang nur in ihrem Einflussbereich als Arbeitgeber durchsetzen konnten. Jedoch soll die „Gleichstellungspolitik" offensichtlich ohne parlamentarische Kontrolle, nach und nach, quasi auf dem Umweg über die Anwendung in der Administration, in die restliche Gesellschaft hineingetragen werden. Diese Intention ist ausdrücklich bereits im Gleichstellungsdurchsetzungsgesetz – DGleiG von 2001 festgeschrieben:

„Zu § 3 – Geltungsbereich: Das Gesetz gilt nach Absatz 1 nicht nur – wie das Frauenfördergesetz – für die öffentlich-rechtliche unmittelbare und mittelbare Bundesverwaltung, die in bundeseigener Verwaltung geführten öffentlichen Unternehmen und die Bundesgerichte. Vielmehr wird durch die Einbeziehung der Bundesverwaltung in Privatrechtsform eine Gesetzeslücke geschlossen. Absatz 2 soll die entsprechende Anwendung der Vorschriften dieses Gesetzes gewährleisten, wenn ein zuvor in bundeseigener Verwaltung geführtes Unternehmen in die Rechtsform eines privaten Unternehmens überführt wird. Diese Regelung ist notwendig, solange es noch kein Gesetz zur Gleichstellung von Frauen und Männern in der Privatwirtschaft gibt."

Flankierend dazu immer wieder von verschiedener Seite Forderungen wie: „Frauenfördergesetz für die Privatwirtschaft ist überfällig: Auf seiner Tagung am 23.3.2006 beschäftigte sich das Sprecherinnengremium der Bundesarbeitsgemeinschaft kommunaler Frauenbüros und Gleichstellungsstellen auch mit der [...] Förderung der Chancengleichheit von Frauen und Männern in der Privatwirtschaft vom Februar 2006".[25]

Oder ganz offiziell, nicht vom Deutschen Frauenrat, sondern von der Bundeszentrale für politische Bildung: „Die Gewerkschaften und der Deutsche Frauenrat [...] fordern stattdessen für die Wirtschaft eine ebenso verbindliche Gleichstellung der Geschlechter, wie sie für den Öffentlichen Dienst gesetzlich verankert ist," berichtet Gisela Helwig im „Handwörterbuch des politischen Systems der Bundesrepublik" und ergänzt: „Solange die soziale Ungleichheit von Frauen und Männern fortbesteht, bleibt eine aktive, fordernde Gleichstellungspolitik unverzichtbar". [26]

Der bislang erfolgreichste Versuch, auch die Privatwirtschaft auf die Gleichstellungsideologie zu verpflichten, gelang mit

---

25 >http://www.frauenbeauftragte.de/dok/PM%20zweite%20Bilanz%20 Chancengleichheit.pdf<.
26 Bundeszentrale für politische Bildung
>http://www.bpb.de/wissen/046704690985010087128431452002 80,3,0 ,Frauen_und_Politik.html<,
Handwörterbuch des politischen Systems der Bundesrepublik.

dem AGG (Allgemeines Gleichbehandlungsgesetz, früher Antidiskriminierungsgesetz), in welchem nunmehr direkt geschlechterspezifisch in Privatverträge, z.B. zwischen Versicherern und Versicherungsnehmern oder Arbeitgebern und Arbeitnehmern hineinregiert wird.

Das hindert Politikerinnen indes nicht, immer weitere Brückenköpfe vorzuschieben. So fordert ein weibliches Trio aus Wirtschaft und Politik „Steuersenkung für Frauen!" Grünen-Fraktionschefin Hermenau plädiert „dafür, die Einkommensteuer nur für Frauen zu senken. Im Gegenzug sollte die Belastung für Männer leicht angehoben werden. Eine solche Steuersenkung wäre ein großer Beitrag zu mehr Gleichberechtigung." Eine Ungleichbehandlung nehme sie dabei im Kauf. „Lieber eine positive Diskriminierung als eine negative. Wenn Frauen finanziell besser gestellt werden, ermutigt das viel mehr Paare, Kinder zu bekommen." Volkswirtin Traud, Landesbank Hessen-Thüringen, findet es „richtig, die Steuern für Frauen zu senken. Das ist ein cleverer Ansatz, der zu mehr Gleichberechtigung führt." Unternehmenschefin Vöster-Alver (GEZE) findet eine Steuersenkung für Frauen vor allem aus einem Grund angemessen: „Frauen verdienen statistisch gesehen weniger als Männer. Da wäre das Modell niedrigerer Steuern für Frauen nur recht und billig." Es lohnt nicht, auf diese verschrobene Logik einzugehen, aber wir empfehlen diesen Ansatz ausdrücklich für unterhaltspflichtige Männer mit erhöhter Erwerbsobliegenheit.

Nun fordern Genderinnen, die Aufsichtsräte deutscher bör-
sennotierter Unternehmen nach dem Vorbild von Norwegen
mit einer gesetzlich verordneten Frauenquote zu besetzen.
Forscher von der Universität Agder, die die Zusammensetzung von Aufsichtsräten in Schweden, Dänemark und Norwegen untersucht haben, stellten Ende 2006 allerdings fest,
dass die Zusammensetzung der Kontrollgremien keine sig-
nifikanten Auswirkungen auf die Profitabilität und die
Kursentwicklung habe. Worum geht es also, wenn nicht um
Profit, oder um eine Maßnahme, von der auch durchschnittliche Mitarbeiter von AGs etwas haben sollen? Rein rechne-
risch geht es um ca. 200 Aufsichtsratsposten für Frauen.
Von einer beschäftigungspolitischen Maßnahme kann also
überhaupt keine Rede sein.

„Es geht uns auch um eine andere Kultur in den Unternehmen", sagt Irmingard Schewe-Gerigk, parlamentarische Ge-
schäftsführerin der Grünen. „Bordellbesuche als Bestech-
ungsmittel, wie es sie bei VW gegeben habe, seien mit
einem größeren Frauenanteil in den Aufsichtsräten nicht
denkbar."

Das mag noch als typisch weiblich-chauvinistischer Erzie-
hungsversuch durchgehen. Richtig pikant wird die Quoten-
forderung allerdings, wenn ausgerechnet Gewerkschafterinnen oder Top-Funktionärinnen linksorientierter Parteien,
wie etwa Elke Ferner (Bundesvorsitzende der Arbeitsgemeinschaft sozialdemokratischer Frauen, stellvertretende
Fraktionsvorsitzende der SPD im Bundestag), eine Beteili-

gung von Frauen an der Kontrolle über Kapitalgesellschaften von Gesetz wegen fordern.

Einen beschäftigungspolitischen Effekt kann man der GM-Strategie allerdings nicht abstreiten: Sie beschäftigt tausende von Frauenbeauftragten und GM-Experten in Vorteils- und Entscheidungspositionen ... und letztlich auch die Kritiker, wie der Autor seufzend eingestehen muss.

Anspruch und Realität von GM

Der EUGH erklärte es 2000 zur unzulässigen Ungleichbehandlung, dass Frauen bei der Bundeswehr auf keinen Fall Dienst mit der Waffe leisten durften. Frauen haben seither grundsätzlich Zugang zu allen Funktionen bei der Bundeswehr. Wie beflissen die deutsche Politik doch in manchen Fällen den Auflagen des EUGH folgt und wie unwillig in anderen. Wir warten auf ein Urteil des EUGH, dass Männer auf keinen Fall zum Dienst mit der Waffe gezwungen werden dürfen, weil es sich dabei um eine unzulässige Ungleichbehandlung handelt. Der Student Alexander Dory klagte wegen Ungleichbehandlung und verlor. Seine Nachteile seien gesetzesbedingt und deswegen hinzunehmende Begleiterscheinungen des Wehrdienstes.
Ab den 90er Jahren legen Gleichstellungsgesetze in Bund und Ländern frauenspezifisch einzelfallbezogene Quoten in Behörden fest. Bei Unterrepräsentanz von Frauen muss bei gleicher Qualifikation der männliche Bewerber bei Beförderung oder Einstellung benachteiligt werden. In Berei-

chen mit Männerunterrepräsentanz, z.B. im Erziehungswesen oder im Grund- und Hauptschulbereich, galt und gilt eine solche einzelfallbezogene Quotenregelung für Männer nicht. Damit wurde geschlechterspezifische Diskriminierung – sog. „positive" Diskriminierung – zum legalen und anerkannten Werkzeug der Geschlechterpolitik (nach Köhler).

„Jungen sind im allgemeinbildenden Schulwesen tendenziell und in vielfältiger Hinsicht benachteiligt." Das räumte Brandenburgs Bildungsminister Holger Rupprecht (SPD) vor dem Landtag ein. Dabei verwies er auf einen Bericht seines Ministeriums, der anhand statistischer Daten belegt, dass auch an Brandenburgs Schulen Jungen deutlich schlechter abschneiden als Mädchen. „So lange der Anteil von Männern in ihrer Fraktion, in den Regierungen, in den Chefetagen so hoch ist, wie er ist, besteht kein Grund zur Sorge", konterte Gerrit Große, Bildungsexpertin der Linken.

Geradezu als Triumph wird das gute Abschneiden der Mädchen hingestellt. Eher fatalistisch konstatiert dagegen das Bundesbildungsministerium: Eine Studie „Bildungs(Miss) erfolge von Jungen und Berufswahlverhalten bei Jungen/ männlichen Jugendlichen" zeigte eine dramatische Benachteiligungssituation von Jungen im Bildungssystem: „Jungen erhalten in allen Fächern bei gleichen Leistungen schlechtere Noten als Mädchen. Jungen wird von den Lehrkräften außerdem bei gleichen Noten seltener eine Gymnasialempfehlung gegeben als Mädchen."[27] Wie sieht Bundesjugendministerin von der Leyen das? „Ich finde es nicht schlimm, dass Mädchen in Sachen Bildung an den Jungen vorbeiziehen."[28]

„Das oberste Kriterium ist immer das Geschlecht" doziert die Leiterin des Referates für Frauen und Chancengleichheit in einem Landessozialministerium. Warum diese absolute Priorität des (weiblichen) Geschlechts? Eine betrübliche aber treffende Erklärung findet sich in einer Bemerkung von Elisabeth Helming und Reinhild Schäfer zum Thema Geschlechtergerechtigkeit in: Gender Mainstreaming, DJI[29] Bulletin 75 PLUS, 2/2006.[30]: „Was jeweils als gerecht angesehen wird, ist letztlich Ergebnis politischer Aushandlungsprozesse." Das ist dort nicht etwa sarkastisch gemeint, wie man glauben könnte, wenn man noch die altmodische Vorstellung hat, dass die politischen Aushandlungsprozesse eigentlich den allgemein akzeptierten Gerechtigkeitsvorstel-

---

27 >http://www.manndat.de/index.php?id=281&tx_
ttnews[year]=2007&tx_ttnews[month]=12&tx_ttnews[tt_news]=193&tx_
ttnews[backPid]=321&cHash=a6403092fa<.
28 >http://www.berlinonline.de/berliner-zeitung/print/branden-
burg/693102.html<.
29 Das Deutsche Jugendinstitut (DJI) in der Selbstdarstellung: „[...]
bundesweit das größte außeruniversitäre sozialwissenschaftliche Forschungsinstitut im Bereich Kinder, Jugendliche, Frauen und Familien."
Und was sagt die Suchfunktion? Frauen – Männer: 1630 Treffer, Männer
– Frauen: 33 Treffer.
30 >http://www.aba-fachverband.org/fileadmin/user_upload/user_up-
load_2007/dji/DJIB_75_Gender.pdf<.

lungen folgen sollten. Besser kann man eigentlich gar nicht illustrieren, wie GM/Gleichstellung funktioniert: Was gerecht ist, bestimmen die Inhaberinnen der politischen Macht.

Wo werden mit GM Interessen von Männern geschlechtersensibel berücksichtigt, fragen wir weiter? „Es geht natürlich um Chancengleichheit für Frauen und Männer", lässt uns die Genderin wissen, und bei dem Wörtchen „und" zieht es sie förmlich aus dem Sessel. Sie verweist auf einen Modell-Versuch für einen Boys Day, der sich neben dem Girls Day organisatorisch und finanziell ausnimmt, wie ein Laiensingspiel neben einer Neuinszenierung des „Ring" in Bayreuth. Oder auf das Projekt „Neue Wege für Jungs", das GM betreibt mit Slogans wie: „Dieser Junge hat erkannt, dass Hausarbeit nicht Frauen- bzw. Mädchenarbeit ist, sondern beide Geschlechter angeht."[31]

„Warum sollen Jungs denn nicht fürs Wäsche waschen motiviert werden?" fragt eine andere Ministerialreferentin[32], zuständig für geschlechterspezifische Förderung. Dass Millionen von jungen Männern ein solches Erziehungsprogramm schon zwangsweise auf sich nehmen müssen, beim Militär- oder Ersatzdienst, kommt ihr nicht in den Sinn, noch weniger die Frage, ob es denn eine staatliche Aufgabe ist, Männer für Hausarbeit zu motivieren. GM als Schule der Nation?

---

31 Das Service Büro Neue Wege für Jungs, Kompetenzzentrum Technik – Diversity – Chancengleichheit e.V., 2006.
32 Im Gespräch mit MANNdat-Vertretern, 9/2008.

Wir aber haben erkannt: Gender Mainstreaming ist ein Förderprojekt für Frauen und bestenfalls ein Umerziehungsprojekt für Männer. Nebenbei: Die Milliarden[33], die für Kampagnen, Studien, Broschüren, Seminare, Subventionierung von Frauenvereinen, Kompetenzzentren usw. fließen, werden überwiegend von Männern bezahlt. Mit welcher Kabbalistik versucht wird, das zu bemänteln oder gar noch mehr rauszuholen, liest sich beispielsweise so:

„Geschlechtsdisaggregierte Analyse des Steueraufkommens"[34]

"Schlüsselfrage: Wer zahlt wie viel (direkte/indirekte) Steuern? Beispiel: Es ist anzunahmen, dass Frauen insgesamt eine größere Steuerlast tragen, denn die geringeren Einkommen zahlen Lohnsteuer und dieser Teil, bis in die 90er Jahre der größte Teil im Steueraufkommen – jetzt der zweitgrößte nach der Mehrwertsteuer – wird zum großen Teil von Frauen gezahlt. Eine genaue Analyse ist hier bisher nicht

---

33   Die Implementierung des Gender-Mainstreaming in den Strukturfonds- Programmplanungsdokumenten 2000-2006 beansprucht allein für Deutschland etwa 1,1 Milliarden Euro! (Mitteilung der Kommission an den Rat, das Europäische Parlament, den Europäischen Wirtschafts- und Sozialausschuss und den Ausschuss der Regionen).
34   Quelle: Budlender, D./ Sharp, R./ Allen K. (1998): How to do a Gender-Sensitive Budgets Analysis. Contemporary Research and Practice. Commonwealth Secretariat. Übersetzung/Zusammenfassung von Dr. Regina Frey >http://www.gender.de/budgets/siebeninstrumente.htm<.

möglich, da das Bundesfinanzministerium (leider!) bis heute keine Zahlen zu diesem Thema erhebt."

Aufschlussreich die Subsumierung „(direkte/indirekte) Steuern". Und wenn die Autorin schreibt: „Es ist anzunahmen, dass Frauen insgesamt eine größere Steuerlast tragen" (gemeint ist wohl „anzunehmen" und nicht etwa „anzumahnen"), dann ist anzumahnen, dass es derlei Annahmen nicht bedarf. Das Deutsche Institut für Wirtschaftsforschung für 2005:[35]

„In der Gruppe der Erwerbstätigen zahlen die Männer im Durchschnitt doppelt so viel Steuern wie die Frauen. Dabei liegen die beiden Geschlechter in den jüngeren, am Beginn des Erwerbslebens stehenden Altersgruppen noch nahezu gleich auf. Die durchschnittliche Steuerbelastung steigt jedoch bei den Männern kontinuierlich mit dem Alter an, während sie bei den Frauen ab der Lebensmitte wieder sinkt."

Aber mit Fakten nagelt man keinen Pudding an die Wand. Die geschlechtsdisaggregierenden Analystinnen sind um Argumente nicht verlegen und ergänzen: „Wichtig: An diesem Punkt muss beachtet werden, dass die Berechnung unbezahlter Arbeit (quasi als indirekte Besteuerung) miteinzubeziehen ist."

---

35   >http://www.diw.de/deutsch/produkte/publikationen/expublikationen/materialien/docs/papers/diw_rn02-11-20.pdf<.

Seit 2001 fordert eine Initiative „Deutsche Gesellschaft für Mann und Gesundheit (DGM)" einen Männergesundheitsbericht zu erstellen, der die spezifischen Probleme von Männergesundheit aufgreift. Das Fazit: Die Resonanz im politischen Bereich war insgesamt ablehnend.

„Das Bundesgesundheitsministerium schreibt, dass es erhebliche Defizite bei der Erforschung, Erfassung und Darstellung männerspezifischer Gesundheitsprobleme gibt. [...] Wer jetzt allerdings glaubt, dass es sich damit für einen solchen Bericht ausspricht, täuscht sich. Vielmehr ist dies nun ein Argument gegen einen Männergesundheitsbericht. Nur zur Erinnerung ein Zitat aus dem Vorwort des Frauengesundheitsberichts von 2001: „Die Gesundheitsprobleme und Ressourcen von Frauen sind bisher nur unzureichend untersucht worden [...] Aus diesem Grund hat das Bundesministerium für Familie, Senioren, Frauen und Jugend einen Bericht in Auftrag gegeben, der die geschlechtlichsspezifischen Besonderheiten und Entwicklungstrends der gesundheitlichen Lage von Frauen in der Bundesrepublik untersucht."" [36]

Welch ein Unterschied, wenn es um Probleme von Frauen geht. Das Bundesgesundheitsministerium (unter Ulla Schmidt, SPD) in einer Pressemitteilung: „Auch bei uns gibt es gute Gründe, Frauen und Mädchen ins Zentrum des dies-

---

36 Quelle: Netzwerk für Männergesundheit, Newsletter 23/September 2008, >http://www.netzwerk-maennergesundheit.de/files/NL%2023.pdf<.

jährigen Welt-Aids-Tages zu stellen. Heute leben in Deutschland rund 44.000 Personen, die mit dem HI-Virus infiziert oder an Aids erkrankt sind. Rund 9.500 sind Frauen. Die Zahl der geschätzten HIV-Erstdiagnosen liegt 2004 bei ca. 2.000 Personen, rund 400 sind Frauen." Noch nicht einmal ein Viertel der Betroffenen sind Frauen. Das sind also „gute Gründe, Frauen und Mädchen ins Zentrum zu stellen [...]" So buchstabiert Ulla Schmidt GM bzw. Chancengleichheit für Frauen und Männer.

"Mancherorts Widerstände" – Kritik an GM

Tatsächlich gibt es sogar Feministinnen, die GM kritisieren, allerdings hauptsächlich aus Angst, mit der reinen Frauenförderung könne es zu Ende sein: „Da wird der Begriff [GM] bereits gelegentlich mit der Absicht verwendet, geschlechtsspezifische und im besonderen geschlechtshomogene Arbeit für überflüssig oder veraltet zu erklären und Frauen- sowie Mädchenförderung auszuhebeln," erklärt Feministin Anita Heiliger[37] vom DJI in München.

Aber nein, beruhigte Bundesministerin Renate Schmidt anlässlich der Einladung der Arbeitsgemeinschaft der Frauen- und Gleichstellungsbeauftragten im Februar 2004 in Nürnberg: „Gender Mainstreaming ist keine Lizenz zur

---

37 Anita Heiliger, Abteilung IV Geschlechterforschung und Frauenpolitik des Deutschen Jugendinstituts (DJI) in München, Förderung des Instituts aus Bundesmitteln (1994): DM 14,5 Millionen.

Abschaffung bestehender Institutionen und Netzwerke der Frauenpolitik."

„Mit der Übernahme des englischen Begriffs sind mancherorts Widerstände entstanden, die eine nachhaltige Verankerung des Anliegens behindert haben," lässt von der Leyen im BMSFSJ verlauten. Erfreulich, möchte man sagen. Offenbar ist es doch nicht so ganz einfach, die Menschen für dumm zu verkaufen. Absurde Programme und Geldverschwendung wurden „mancherorts" (s. Literaturanhang) offenbart, der totalitäre, geradezu antiemanzipatorische Ansatz des GM wurde kritisiert, und nicht zuletzt haben selbst diejenigen Männer, die sich von GM eine Lösung auch ihrer Probleme erhofften, gemerkt, dass sie die Sache zwar bezahlen dürfen, aber dass für sie nichts davon abzubeißen ist. Die öffentliche Kritik am GM ist quantitativ eher verhalten, was kaum verwundert. Wer kann es sich schon leisten, sich durch endlose UN-Sitzungsprotokolle oder Verlautbarungen der EU-Bürokratie zu graben, den verschlungene Pfaden der feministischen Förderpolitik zu folgen? Die Kritik artikuliert sich dennoch in einigen gewichtigen Beiträgen mit unterschiedlichen Akzenten, nichtsdestoweniger bislang ohne erkennbare Wirkung.

Bettina Röhl schiebt die GM-Strategie einer „hauchdünnen Funktionärsschicht" zu und schreibt: „Die Genderer – Politiker, Sexologen und Feministen – haben GM bisher vollkommen undemokratisch installiert." Volker Zastrow dokumentiert insbesondere die fragwürdige gesetzliche

Legitimation des GM. Michael Bock, Professor für Straf-
recht und Kriminologie, spricht vom totalitären, antiliberalen
Anspruch von GM. René Pfister kritisiert den Umerziehungs-
aspekt von GM und benennt Profiteure der so genannten
Gender-Theorie. Kerstin Schneider recherchiert triviale und
teure Ergebnisse von GM-Projekten. Bruno Köhler belegt
an 30 Punkten, dass die Geschlechterpolitik in Deutschland
sich nach wie vor allein auf die „Frauenfrage" bezieht.

Warum hat diese Kritik keine Wirkung? Bis heute verlief die
GM-Offensive weitgehend ungestört, und inzwischen sind
wir längst da angelangt, dass Frauenbevorzugung auch noch
praktiziert wird, wo sie schon rein nach Proporz nicht mehr
gerechtfertigt ist, sofern sie inhaltlich überhaupt je eine Be-
rechtigung hatte. Funktionieren rechtsstaatliche Korrektive
überhaupt noch? Anstandshalber muss man einräumen,
dass bislang noch kaum versucht wurde, solche anzuwen-
den. Der Widerstand wurde nicht unterdrückt – es gab ihn
praktisch nicht. Es gibt ihn erst in kleinsten Ansätzen, seit
die Folgen immer offenkundiger und spürbarer werden.

Genderinnen haben sich mit Begriffen wie „Gleichberechtigung" oder „Chancengleichheit" gegen Kritik immunisiert.
Wer sollte etwas gegen die Gleichberechtigung der Frauen
haben? Sie haben sich mit einer Art „historischer Rachele-
gitimation" (Bettina Röhl) ausgestattet, die sie berechtigt, in
selbstgerechter Empörung einen Ausgleich für jahrtausende-
lange patriarchalische Unterdrückung zu fordern. Aber es
bedarf solcher Attitüden nicht. Es geht nicht um Wahrheit

oder Gerechtigkeit, es geht um Interessen und damit um Macht. Und die Macht in Geschlechterfragen liegt derzeit in Händen von Feministinnen.

Literaturhinweise

Bock, Michael: Gender-Mainstreaming als totalitäre Steigerung von Frauenpolitik, Apr. 2004
>www.kellmann-stiftung.de/beitrag/Bock_Gender.htm<.
Köhler, Bruno: Gender Mainstreaming - Geschlechterpolitik für Frauen UND Männer? 30 Punkte, die belegen, dass Gender Mainstreaming in Deutschland als reines Frauen-fördermittel funktionalisiert wird, Manndat e.V., Januar 2006,
>www.manndat.de/index.php?id=75<.
Pfister, René: Der neue Mensch, DER SPIEGEL 1/2007,
>www.spiegel.de/spiegel/0,1518,457053,00.html <.
Röhl, Bettina: Die Gender Mainstreaming-Strategie, Cicero Online Spezial, März 2005.
>www.cicero.de/97.php?item=581&ress_id=7<.
Schneider, Kerstin: Ich Mann, du Frau, / Stern, 12-2005 stern.de - 22.3.2005 - 15:12
>www.stern.de/politik/deutschland/537756.html<.
Zastrow, Volker: Gender Mainstreaming –
Politische Geschlechtsumwandlung, F.A.Z., Juni 2006
>www.faz.net/s/RubFC06D389EE76479E-9E76425072B196C3/Doc~E19A6FC7720554E81829007B25E33D7E4~ATpl~Ecommon~Scontent.html<.

Die Autoren

Dr. Horst Wolfgang Boger, geboren 1947, studierte Psychologie, Sozialwissenschaften und Philosophie in Mannheim und Köln. Er ist Referent am Liberalen Institut der Friedrich-Naumann-Stiftung für die Freiheit, wo er für Grundsatzfragen zuständig ist. Außerdem hat er zwei erwachsene Kinder und einen Enkel, ist in zweiter Ehe verheiratet und wohnt in Berlin.

Thomas Deichmann, geboren 1962 in Frankfurt am Main, ist Herausgeber und Chefredakteur des Zweimonatsmagazins „Novo – Argumente für den Fortschritt" (www.novo-argumente.com). Als freier Journalist publizierte er u. a. in FAZ, Welt, Zeit, Cicero und Brand eins. Er ist Autor und Herausgeber zahlreicher Bücher, zuletzt verfasste er zusammen mit Thilo Spahl „Das Wichtigste über Natur & Technik" und „Das Wichtigste über Mensch & Gesundheit" (München, 2006).

Dr. Detmar Doering, geboren 1957, Leiter des Liberalen Instituts der Friedrich-Naumann-Stiftung für die Freiheit in Potsdam. Er ist Mitglied der Mont Pèlerin Society seit 1996. Wohnhaft in Berlin, verheiratet, eine Tochter. Zahlreiche

Buchpublikationen sowie Artikel und Beiträge in Tageszeitungen und Fachjournalen.

Dr. Eugen Maus, Diplom-Psychologe, geboren 1945, ist Mitbegründer und Vorstandsmitglied der 2004 gegründeten geschlechterpolitischen Intiative MANNdat e.V. Er hat sich seither in zahlreichen Medienbeiträgen, Vorträgen und politischen Kontakten gegen rechtliche Benachteiligungen von Jungen und Männern engagiert. Er lebt in der Vorderpfalz und betreibt seit 30 Jahren eine Firma zur Herstellung von Elektronikgeräten für psychologische Anwendungen.

Kai Rogusch, geboren 1975 in Genf, ist Jurist und rechtspolitischer Redakteur des politischen Zweimonatsmagazins NOVO. Seit 1999 publiziert er über rechtspolitische Fragestellungen, u. a. in „Blätter für deutsche und internationale Politik" und „Zeitschrift für Rechtspolitik". Er lebt in Frankfurt am Main.

Sascha Tamm, geboren 1965, ist Philosoph und Politikwissenschaftler. Seit 2001 arbeitet er für die Friedrich-Naumann-Stiftung für die Freiheit. Außerdem ist er Programmdirektor des Instituts für unternehmerische Freiheit. Neben zahlreichen Beiträgen für Zeitungen, Zeitschriften und freiheitliche Blogs gab er u. a. das "Kleine Lesebuch der liberalen Sozialpolitik" heraus.

Dr. med. Klaus Tschirner, geboren 1949, wurde zunächst Diplom-Psychologe, dann Arzt, später Wissenschaftsjournalist. Er ist Autor von Dokumentar- und Lehrfilmen sowie TV-„Erklärstücken", daneben Verfasser mehrerer Sachbücher und vieler Fachartikel.